Antología poética del Siglo de Oro

Austral Educación

A. Deary
Mar 15.

ANTOLOGÍA POÉTICA DEL SIGLO DE ORO

AA. VV.

Edición a cargo de
Ana González Tornero

AUSTRAL
EDUCACIÓN

ESPASA

El papel utilizado para la impresión de este libro es cien por cien libre de cloro y está calificado como **papel ecológico**.

Colección dirigida por Carme Arenas

Diseño de la colección: Austral / Área Editorial Grupo Planeta
Ilustración de la cubierta: Shutterstock
Ilustraciones del interior: «La Inmaculada Concepción», Bartolomé Esteban Murillo, Museo de Bellas Artes, Sevilla, © Archivo Lara; «Francisco de Quevedo y Villegas», Diego de Silva y Velázquez, Instituto Valencia de Don Juan, Madrid, España, © AESA; «San Juan de la Cruz», © IGDA; «Santa Dorotea», Zurbarán, © AESA; «El nacimiento de Venus», témpera sobre lienzo, Sandro Botticelli, Galería de los Uffizi, Florencia, Italia, © IGDA; «Las Meninas» o «La familia de Felipe IV», óleo sobre lienzo, Diego de Silva y Velázquez, Museo del Prado, Madrid, © Archivo Planeta; «Retrato de Fray Luis de León», Pacheco; «Fray Luis de León», Biblioteca Colombina, Sevilla, España, © Oronoz / Album; «Garcilaso de la Vega», © IGDA; «Retrato de Luis de Góngora y Argote», Diego de Silva y Velázquez, Museum of Fine Arts, Boston-Massachusetts, EUA, © Archivo Lara
Primera edición en esta colección en Austral: julio de 2014

Depósito legal: B. 12.571-2014
ISBN: 978-84-670-4193-4
Composición: MOELMO, SCP
Impresión y encuadernación: Liberdúplex, S. L.
Printed in Spain - Impreso en España

ÍNDICE

ANTOLOGÍA POÉTICA DEL SIGLO DE ORO

PROPUESTAS DE TRABAJO

NOTA INTRODUCTORIA

El presente volumen de la colección *Austral Educación* ha sido editado para cualquier tipo de lector, pero pensando de manera especial en el que está en edad de formación.

La colección incorpora en sus títulos una edición realizada por un especialista en la obra, para ayudar al estudiante —y también al profesor— a conseguir una lectura profunda, a hacerle reflexionar sobre todo aquello que el texto nos aporta, pero que quizás no resultaría del todo evidente en una primera aproximación. Así, *Austral Educación* integra, además de la obra, un *Estudio preliminar* en el que, de manera didáctica y amena, se reúne todo el conocimiento que hasta hoy se tiene de esta, gracias a los diversos estudios ya publicados. El lector obtendrá conocimiento sobre el autor y las claves interpretativas de la obra a través de sus aspectos más importantes: el argumento, el tiempo, los personajes, etcétera, si hablamos de un texto de narrativa o de teatro, o bien las particularidades formales y retóricas, en el caso de la poesía.

Asimismo, al final del libro, hallaremos un apartado didáctico con materiales que le ayudarán a profundizar en el texto. El primero consta de *Propuestas de trabajo* que, además de reflexión, le darán la posibilidad de interrelacionar la obra con otras del mismo autor o del mismo período; un apartado que podríamos definir como intensificador de la lectura, ya que de manera sencilla pero efectiva le acercará a aspectos esenciales de la obra.

Resultarán de gran utilidad los *Textos complementarios*, en los que encontraremos fragmentos del mismo autor o escritos que se refieran a este y/o a su obra, los cuales contribuirán sin duda a una mejor contextualización. El apartado *Comentarios de texto* será muy útil como propuesta de lectura y de interpretación por parte del editor de la obra. En la parte final, una *Bibliografía* actualizada incluirá los estudios esenciales para la ampliación de conocimiento sobre la obra y, por tanto, no tendrá una voluntad de exhaustividad, sino de orientación. Y como añadido, en aquellos textos que lo precisen dada su complejidad o antigüedad, un *Glosario* facilitará la lectura y la comprensión del texto.

La poesía del Siglo de Oro constituye uno de los tesoros más valiosos de la literatura española por la espléndida nómina de autores que abarca, la maestría de sus composiciones y la universalidad de los temas tratados. El Renacimiento y el Barroco son dos períodos estelares de nuestras letras, que ningún lector debería obviar, ya que constituyen el bagaje elemental para cualquier persona interesada en el patrimonio literario de su propia cultura. Los clásicos auriseculares retan al lector contemporáneo a descubrir los códigos de la escritura lírica y los diversos niveles de interpretación que brindan sus versos. Una vez adquiridas las herramientas para adentrarse con comodidad en la lectura, estos poemas ofrecen una inestimable lección de vida.

Carme Arenas

ESTUDIO PRELIMINAR

A Francisco Florit, Rosa Navarro
y Antonio Carreño, maestros en ganar
corazones para la literatura áurea

1. EL SIGLO DE ORO

Una de las épocas más brillantes de la literatura española abarcó el tiempo en que se produjo el ascenso fulgurante del país en el panorama internacional seguido luego de una profunda decadencia. El Siglo de Oro constituyó un período de luces y de sombras en la historia de España. Sus escritores fueron testigos de grandes gestas, de batallas encarnizadas, de descubrimientos increíbles, de hondas pasiones y de amargos desengaños, y dieron cuenta de todo ello en páginas sobresalientes.

Siglo de Oro es sinónimo de exploración, de transformación y de renovación en las letras. Entonces escribieron figuras de talla universal como San Juan de la Cruz, Miguel de Cervantes, Luis de Góngora, Lope de Vega, Francisco de Quevedo o Calderón de la Barca, que revolucionaron la creación y sentaron las bases de la modernidad literaria. Fue el tiempo de la *Noche oscura del alma*, de *El Quijote*, de las *Soledades*, de *Fuenteovejuna*, de los sonetos a Lisi, de *La vida es sueño* y de tantas obras que elevaron nuestro patrimonio literario a sus más altas cotas.

La expresión se suele emplear para referirse a los siglos XVI y XVII, y a su producción artística. Los historiadores divergen cuando se trata de precisar los años del período. Algunos consideran el final del reinado de los Reyes Católicos, hacia 1490, el arranque de la centuria áurea. Para otros, el descubrimiento de América y la publicación de la *Gramática castellana* de Elio Antonio de Nebrija, en 1492, marcan un antes y un después en la cultura. Hay quien defiende el arraigo de la poesía italianizante, a partir de 1526, como el inicio. Respecto al declive, prevalece la fecha de 1681 —año en que murió Calderón de la Barca—, con la que se da cierre teórico a esta etapa.

El Siglo de Oro acoge dos movimientos históricos: el Renacimiento y el Barroco. A grandes rasgos, el primero se circunscribiría al siglo XVI y el segundo, al XVII. Sin embargo la palabra siglo alude a un ciclo de cien años y los siglos de esplendor mencionados son dos. Este desfase se debe a que la expresión fue acuñada por críticos literarios franceses del XVIII para referirse a la poesía española quinientista. Más adelante, los estudiosos del XIX la prefirieron para identificar el teatro español seiscentista. En cambio, otros historiadores delimitaron las fechas del siglo entre 1550 (poco antes del reinado de Felipe II) y 1681 (deceso de Calderón) para circunscribir la centuria. Por esta ambigüedad terminológica, hay quien prefiere sintagmas como Época Áurea, Edad Áurea o Siglos de Oro. Acotar los movimientos con exactitud es complicado, pues no siempre encajan dentro de periodizaciones estrictas. Pero la popularidad del sintagma Siglo de Oro para aludir a ambos siglos es tanta, que se aplica, por extensión, a las principales manifestaciones literarias renacentistas y barrocas.

¿En qué momento se distancia un poema de la órbita medieval y presenta indicios de Renacimiento? ¿Cuándo dejan de considerarse renacentistas unos versos para afirmar que destilan barroquismo? Por lo general no hay un único hecho que responda a estas cuestiones con precisión de calendario, ya que las corrientes de la literatura evolucionan de forma dinámica y orgánica. Ahora bien, sí se producen circunstancias —el encuentro que determina la trayectoria de un grupo de poetas, la fascinación por ciertas lecturas compartidas, un viaje inspirador o hechos históricos transcendentales— que ayudan a situar el pulso de las épocas y a identificar sus rasgos distintivos.

2. RENACIMIENTO

El Renacimiento es el período histórico que sucede a la Edad Media. Entre los siglos XIV y XV se produjeron cambios sustanciales en la organización social, en la economía, en la política y en la cultura que hacían alborear una nueva era. A lo largo del XVI hechos como la formación de los Estados modernos, el surgimiento de las monarquías absolutas, la exaltación de la vida en todas sus formas y la revalorización de las lenguas vernáculas se impusieron al teocentrismo, a la sociedad feudal, a la confusión de lo natural con lo sobrenatural, al escolasticismo y a otras manifestaciones afines al medievo.

El espíritu renacentista alentó la recuperación de los ideales de la Antigüedad para adaptarlos al presente. Así pues, los valores de las sociedades clásicas de Grecia y Roma —democracia, filosofía, dignidad del hombre, organización política, conocimiento de las artes para alcanzar la plenitud vital— supusieron una fuente de inspiración para las gentes de entonces. Simultáneamente, en los círculos intelectuales, cuajó una imagen del caballero versado en la política, en la guerra y también en el arte. Era el paradigma del hombre de armas y de letras que representaba el equilibrio ideal. Libros como *El cortesano* (1527) —manual del perfecto caballero— de Baldassare Castiglione marcaron desde Italia los gustos y las modas de las cortes europeas; en España se tradujo pronto, en 1534, gracias al poeta Juan Boscán.

El Renacimiento tiene un marcado carácter humanístico por la confianza en la capacidad del ser humano como artífice renovador y en la cultura como herramienta para mejorar el entorno. El Humanismo fue una corriente de pensamiento que hundía sus raíces en los siglos XIV y XV; procedía de las disciplinas llamadas *Studia Humanitatis* —gramática, retórica, poética, historia y filosofía moral—. Algunos de sus principales valedores habían sido Dante (1265-1321), Petrarca (1304-1374) o Erasmo de Rotterdam (1466-1536), que recuperaron el estudio de autores clásicos como Homero, Virgilio, Horacio o Cicerón, ya que sus obras se consideraban un legado fundamental para aprender política, historia, literatura y otros saberes básicos en el desarrollo de las personas.

Con su labor, los humanistas dignificaron las lenguas vernáculas, revalorizaron su uso en ámbitos oficiales y artísticos, y las situaron a la altura del prestigioso latín. Se redactaron las primeras gramáticas de lenguas romá-nicas: la de Elio Antonio de Nebrija, escrita en 1492, fue pionera en España. Más adelante, el *Diálogo de la lengua* (1535), de Juan de Valdés, situaba a la par la dignidad del hombre y la del idioma, y defendía un ideal de naturalidad y culta sencillez en el habla. El Humanismo es el movimiento filológico por excelencia, pues recuperó el amor por la lengua y por la lectura atenta.

2.1. *En contexto: historia y sociedad*

El Renacimiento español coincidió con dos monarquías: la de Carlos I —también llamado Carlos V por su título de emperador del Sacro Imperio Romano Germánico— entre 1517 y 1556, y la de su hijo Felipe II entre 1556 y 1598. Ambos pertenecían al linaje de la Casa de Austria, que reinó en España durante los siglos XVI y XVII. La política del primer monarca se caracterizó por el aperturismo, mientras que la del segundo se distinguió por el repliegue ante las injerencias foráneas, sobre todo en religión, moral y cultura.

Con Carlos I se produjo la transición de una sociedad campesina de estructura feudal (clérigos, caballeros, labradores) a otra en la que emergía la burguesía, dinamizadora de la vida urbana con su impulso comercial. Esto incomodó a los miembros de la antigua aristocracia y las fricciones entre grupos sociales causaron revueltas internas como la de las Comunidades (1520-1521) o la de las Germanías en Valencia (1521-1523). Fueron apaciguadas por el poder real, que así desplegó un control absoluto en la organización del Estado, de modo que la incipiente burguesía experimentó un desarrollo frágil por varias razones: la política estatal, la tradición agrícola y ganadera del país (sectores controlados por la aristocracia) y los prejuicios de casta entre cristianos viejos y cristianos nuevos (muchos eran comerciantes conversos de ascendencia judía, considerados negativamente por sus vínculos con el colectivo expulsado de España en 1492 a causa de la intolerancia religiosa).

En el plano internacional, Carlos I, como emperador y defensor de la cristiandad, se enfrentó con Alemania, Francia e Inglaterra, que promovieron el reformismo en el seno de la iglesia. El teólogo alemán Martín Lutero formuló noventa y cinco tesis con argumentos para distanciarse del catolicismo y dio origen a una corriente cristiana que se separó de la Iglesia católica por divergencias sobre los dogmas de fe: se la conoce con el nombre de protestantismo o luteranismo.

En España hubo algunos intentos de reforma a causa de la relajación de las costumbres eclesiásticas a partir de las formulaciones del humanista Erasmo de Rotterdam. Este, sin plantear un cisma, defendió la espiritualidad humilde y sincera en las prácticas religiosas, cercana al ideal de pureza evangélica, lejos de la superstición propia de siglos anteriores. La corte de Carlos I fue comprensiva con el erasmismo y, en un primer momento, incluso trató de acercar posturas con los países adheridos a la doctrina protestante enarbolada por Lutero, pero reconciliarse resultó imposible. La incapacidad para entablar un diálogo que fomentara la comprensión entre posturas enfrentadas originó sangrientas guerras de religión. El inmenso gasto de estas contiendas llevó a España a la bancarrota.

Como consecuencia de las disputas religiosas y con

la intención de reunificar la cristiandad, las autoridades católicas convocaron el Concilio de Trento (1545-1563). En aquella ciudad italiana se reafirmaron el liderazgo del papa y los dogmas de la ortodoxia católica que el protestantismo cuestionaba, por ejemplo, la naturaleza sagrada de la confesión o la salvación del hombre gracias a la fe y a las buenas obras. También se prohibió traducir la Biblia a lenguas vernáculas y se limitó la interpretación de los textos sagrados. Asimismo se aconsejó austeridad moral y una producción artística orientada a temas religiosos. Por su postura contraria a los reformistas, el movimiento surgido del concilio recibe el nombre de Contrarreforma. Los acuerdos tomados por la curia pontificia durante el Concilio de Trento determinaron el devenir de Europa, la evolución del Renacimiento en la segunda mitad del XVI y la gestación del espíritu barroco.

La rigidez contrarreformista se sintió en la articulación de la sociedad española porque se persiguió cualquier expresión contraria a la doctrina católica, se condenaron el erasmismo y otras manifestaciones consideradas heréticas, se incrementó la vigilancia del tribunal de la Inquisición —que controlaba el cumplimiento de la ortodoxia católica y castigaba a quienes no la siguieran fielmente—, y se prohibió a los españoles estudiar en el extranjero para que no adoptaran doctrinas ajenas.

Desde entonces, el período se desarrolló según las disposiciones tridentinas y, poco después, según los dictados de Felipe II. El soberano heredó de su padre el conflicto irresuelto entre religiones y un imperio con síntomas de decadencia. Detuvo la expansión turca en el oriente mediterráneo (batalla de Lepanto, 1571) e hizo frente a la rebelión de los Países Bajos (1568), pero luchó sin éxito contra Inglaterra (Armada Invencible, 1589).

Entender la literatura del Renacimiento, y la del Barroco, supone tener en cuenta la función que desempeñaron el libro, la imprenta y la lectura, pues permite hacerse a la idea de lo que significaban para la sociedad. En aquel tiempo un 85 % de la población en España no sabía ni leer ni escribir. Los libros eran costosos y la lectura se limitaba casi exclusivamente a lo relacionado con gestiones legales o con la educación intelectual de las clases privilegiadas. Además, los inquisidores ejercieron una censura tenaz sobre los escritos sospechosos de heterodoxia. Por eso, la literatura escrita como fuente de entretenimiento quedaba reservada solo para unos pocos. Sin embargo, había obras populares que llegaban al grueso de la población porque la lectura en voz alta estaba muy extendida y los pliegos de cordel (fascículos) eran asequibles. Igualmente, muchas composiciones tradicionales pasaron de generación en generación por medio del canto y el recitado.

2.2. *Principales corrientes de la poesía renacentista*

Durante el Renacimiento se identifican varias corrientes poéticas de entre las que cabe destacar la italianizante o petrarquista debido a la renovación literaria que comportó. Su influencia puede considerarse revolucionaria en el tratamiento de los temas y en las innovaciones métricas. Asimismo la poesía culta de cancionero, la lírica popular, el romancero y la épica desempeñaron un papel fundamental en el panorama literario español.

2.2.1. Petrarquismo

La introducción del petrarquismo en España cuenta con una fecha y unas circunstancias concretas: 1526 y la tornaboda del rey Carlos I con la infanta Isabel de Portugal. Esta celebración, que tuvo lugar en el Generalife de Granada, reunió a invitados de muy variada procedencia —miembros de la realeza europea, cortesanos, gobernantes internacionales y artistas, entre otros—. Allí entablaron conversación el poeta Juan Boscán y Andrea Navagero, humanista y embajador de la República de Venecia. Ambos departieron sobre literatura y una de las cuestiones que trataron marcó para siempre la poesía española. Navagero, según cuenta Boscán en su *Epístola a la duquesa de Soma*, le animó a que probara el estilo italiano y a que lo adaptara al español.

Nuestro autor no solo puso en práctica el consejo, sino que se lo sugirió a su amigo, y también escritor, Garcilaso de la Vega. Fue este quien, con la práctica, aclimató magistralmente el verso italiano de once sílabas —endecasílabo—, las formas métricas petrarquistas —soneto, lira, estancia, tercetos encadenados—, las rimas asonantes y los acentos melódicos. Además, adoptó los temas del *Canzoniere* de Petrarca, el gran maestro italiano, y los recursos para expresar los estados de ánimo que le inspiraba su enamorada Laura. El influjo de Petrarca dio nombre a la corriente conocida como petrarquismo. En España siguieron dicho estilo poetas como Hernando de Acuña, Juan Boscán, Gutierre de Cetina, Diego Hurtado de Mendoza o Garcilaso de la Vega.

Esta poesía describe los estadios amorosos por los que pasa el poeta, que realiza un proceso de introspección. Así pues, un cancionero petrarquista detallaba la cronología sentimental de la voz poética y se sustentaba sobre temas como los efectos que le producía la mirada de la dama, su belleza, su indiferencia, la nostalgia por no estar cerca de ella y otras cuitas. La naturaleza de los sentimientos descritos es platónica y supone para el poeta la aspiración al ideal de hermosura que encarnaba la dama. La forma métrica por excelencia del petrarquismo es el soneto.

2.2.2. Lírica culta

La lírica culta de cancionero se caracterizaba por el uso de un lenguaje artificioso y paradójico, por el verso de arte mayor (doce sílabas o más) y por la musicalidad basada en la rima aguda consonante, y seguía la estela de autores medievales como Jorge Manrique, Juan de Mena y el Marqués de Santillana.

La tradición cancioneril del XVI recoge la herencia de la literatura amorosa cortés del siglo XV. Se difundía a través de antologías o cancioneros. Aunque su temática comparte algunos motivos con la poesía italianizante, difiere de ella en la expresión alambicada. En este ámbito destacó el *Cancionero general* (1511) recopilado por Hernando del Castillo.

2.2.3. Lírica popular y romancero

Las cancioncillas, los villancicos y otras estrofas de metro breve fueron manifestaciones populares extendidas gracias a la transmisión oral. También se han conservado en las antologías de cancioneros. La lírica de origen tradicional y popular trata aspectos de la condición humana entre los que sobresale el amor. Se expresa con un lenguaje sencillo que refleja las costumbres de las gentes de aquel tiempo (el funcionamiento de las tareas agrícolas, de las actividades cinegéticas, del galanteo).

Para temas narrativos de mayor extensión, hazañas, genealogías legendarias o historias de amor en un marco concreto, se empleaban los romances. Eran las estrofas más habituales en literatura, tanto es así que su verso característico de ocho sílabas con rima asonante en los pares reproduce la longitud estándar de una frase típica del habla castellana. Los versos del Romancero viejo se cantaban en los siglos XIV y XV y trataban anécdotas populares. Los autores del Siglo de Oro recuperaron estas formas para elaborar composiciones cultas que refinaron según la estética de la nueva etapa. Estas composiciones constituyen el Romancero nuevo y se cultivaron durante el Renacimiento y el Barroco.

2.2.4. Ascética y mística

A medida que avanzaba el Renacimiento y a raíz de los principios adoptados en el Concilio de Trento, en España surgieron con fuerza dos corrientes complementarias vinculadas a la poesía religiosa: la ascética y la mística. Ambas derivan de estudios teológicos orientados al conocimiento de la divinidad. La ascética explora los medios de que dispone el buen cristiano para alcanzar la perfección moral. La mística indaga un fenómeno inefable: cómo, a través de la oración, Dios se une con el alma de algunos seres escogidos. Para alcanzar este grado de unión, primero hacía falta adoptar la vida ascética, a partir de la cual el alma se preparaba, se purificaba mediante penitencia —vía purgativa— y adquiría la sabiduría necesaria —vía iluminativa— antes del éxtasis místico —vía unitiva—. Ascética y mística recurrieron a formas métricas, motivos y recursos estilísticos de la poesía italianizante. Por ejemplo, adoptaron la lira para la expresión del pensamiento cristiano y el lenguaje amoroso del petrarquismo para describir el éxtasis del alma en la divinidad. Los autores más destacados de este estilo fueron fray Luis de León, San Juan de la Cruz y Santa Teresa de Jesús.

2.2.5. Épica

Este género se asociaba al testimonio histórico de grandes gestas y a autores de poemas épicos clásicos de la talla de Homero y *La Odisea*, Virgilio y *La Eneida*, o Lucano y *La Farsalia*. En la Antigüedad se transmitía en público y de viva voz. Sin embargo, el Siglo de Oro produjo una épica culta escrita para leerse individualmente. En el Renacimiento, ensalzaba la nación a través de las victorias de Carlos I —*La Carolea*, de Jerónimo Sempere (1560)—, la conquista americana —*La Araucana*, de Alonso de Ercilla (1569-1589)— e hitos del catolicismo —*El Montserrate*, de Cristóbal Virués (1587) o *Las Navas de Tolosa*, de Cristóbal de Mesa (1594)—. El metro de la épica es el endecasílabo y su estrofa, la octava real. La formulación del contenido es densa en referencias cultas, que predominan sobre los hechos narrados. Tuvo su momento de esplendor entre mediados de los siglos XVI y XVII a raíz de la expansión territorial española. El auge y decadencia del género corrieron paralelos al devenir histórico del país.

2.3. *Poetas renacentistas*

2.3.1. Garcilaso de la Vega

Nació en Toledo entre 1501 y 1503. Encarnó el ideal del cortesano renacentista, ya que fue hombre de armas y de letras. Su formación humanística le hizo conocedor de lenguas antiguas como el latín y el griego, y modernas como el francés y el italiano, que le facilitaron la lectura de los autores clásicos y contemporáneos. Este conocimiento le permitió madurar la factura de su obra y, sobre todo, liderar la renovación de la lírica española de su tiempo.

Desde joven formó parte de la corte de Carlos I, donde conoció al poeta Juan Boscán. Al servicio del rey-emperador participó en varias contiendas nacionales e internacionales, como la de las Comunidades en Castilla o batallas en Túnez y Francia. Se casó por compromiso con Elena de Zúñiga en 1525 y, un año después, conoció a la dama Isabel Freire, amor imposible y musa que le inspiró. En 1529, Garcilaso de la Vega cayó en desgracia con el rey, quien le desterró varios meses a una isla del río Danubio. Más tarde pasó al Reino de Nápoles, entonces bajo dominio español, al servicio del virrey Pedro de Toledo. En el ambiente napolitano acabó de asimilar el estilo poético petrarquista y entró en contacto con otras corrientes literarias italianas. Profundizó su conocimiento de los clásicos y se familiarizó con la novela *La Arcadia* (1504) de Jacopo Sannazaro, que le marcó por el tratamiento idílico de la naturaleza y por el trasvase que realiza entre los estados del paisaje bucólico y el ánimo de la voz poética. Tras la experiencia napolitana, Garcilaso volvió a luchar al servicio del rey Carlos I en las campañas contra Francia. Mientras asaltaba la fortaleza de Le Muy (Niza), los soldados enemigos le lanzaron una roca a la cabeza, que acabó con su vida.

Siete años después de su muerte se publicó la compilación *Las obras de Boscán y algunas de Garcilaso de la Vega* (1543) con parte de la producción del toledano. En 1574 y 1580 aparecieron las primeras ediciones anotadas de su poesía, lo que indica que fue considerado un clásico desde bien pronto. En el Siglo de Oro no era frecuente editar impresa la obra de un poeta contemporáneo, sino que los versos circulaban manuscritos entre sus amistades. Por eso, los tempranos estudios muestran el respeto, la admiración y el magisterio que Garcilaso ejerció desde el primer momento.

Escribió tres églogas, entre treinta y ocho y cuarenta sonetos, dos elegías, cinco canciones, una epístola a Juan Boscán, una serie de poemas tradicionales castellanos y tres odas escritas en latín. Introdujo a nuestro idioma una nueva forma métrica, la lira, que recibe su nombre del poema «Oda a la flor de Gnidi» (pág. 70).

Esta estrofa reproduce el esquema de las que había empleado el poeta italiano Bernardo Tasso para imitar las odas del poeta latino Horacio. En español tomó el nombre de lira por el el instrumento musical, que metafóricamente representa el canto poético. Desde que Garcilaso la usó, otros poetas la adoptaron para recrear el estilo horaciano como, por ejemplo, fray Luis de León y San Juan de la Cruz.

Antes de abrazar la corriente petrarquista, Garcilaso de la Vega había escrito poesía a la manera cancioneril castellana, un estilo que resultaba alambicado por la complejidad con que se trataban los temas y por la rima aguda consonante. También se había interesado por el poeta Ausiàs March, que había practicado el petrarquismo para acomodarlo a la lírica catalana. Garcilaso quedó subyugado por la naturalidad de los sonetos de Petrarca y por la delicadeza con que trataba el tema del amor. El enfoque neoplatónico e idealizado del sentimiento, la sencillez con que la voz poética reflejaba la intimidad, el endecasílabo y la suavidad de la rima encajaban mejor con su sensibilidad y con la expresión que buscaba.

2.3.2. Fray Luis de León

Fray Luis de León nació en Belmonte (Cuenca) en 1527. En su juventud ingresó en la orden religiosa de los agustinos, donde se formó en teología y letras. Durante muchos años estuvo vinculado como docente a la Universidad de Salamanca. Los enfrentamientos entre las órdenes de frailes dominicos y agustinos por el monopolio académico de la ciudad universitaria se materializaron, entre otras causas abiertas, en acusaciones dirigidas a fray Luis de León. Se le culpaba por verter al castellano un libro del Antiguo Testamento, el Cantar de los Cantares, cuando el Concilio de Trento había prohibido traducir textos sagrados a lenguas vernáculas; y también por preferir la versión hebrea de la Biblia —considerada por los humanistas el texto más fiable y limpio de errores— en lugar de la Vulgata —versión en latín de la Biblia, que aprobó la Iglesia contrarreformista—. Por estos motivos recayeron sobre él graves sospechas de judaísmo y algo más de cuatro años de cárcel. Este ambiente de tensiones intelectuales y espirituales se proyectó en temas significativos de la obra de fray Luis de León como, por ejemplo, la dicotomía entre las costumbres tranquilas del campo frente al ambiente urbano de falsedades e intrigas. Al final de su vida priorizó las obligaciones como reformador de la congregación agustina. Murió en Madrigal de las Altas Torres (Ávila) en 1591.

La producción de fray Luis de León se sitúa en un período del Renacimiento en que abunda la literatura religiosa. La influencia del italianismo cede ante las resoluciones propugnadas por el Concilio de Trento. Así, las corrientes ascética y mística arraigaron cuando las letras adquirieron un marcado carácter católico con el fin de preservar al país de la heterodoxia protestante que triunfaba en otros reinos europeos.

El concepto de *imitatio* es clave para entender el proceso creador del poeta y cuáles eran sus fuentes de inspiración. La imitación de los grandes autores clásicos era una de las técnicas preferidas por los escritores del

Siglo de Oro. Se consideraba una señal de cultura, habilidad y talento literario que un escritor sintetizara lo aprendido dándole a la vez un tono personal. En este sentido, los pilares de la literatura luisiana fueron tres principalmente: la Biblia, los antiguos escritores latinos, sobre todo Horacio y Virgilio, y Garcilaso de la Vega.

De la Biblia adoptó el andamiaje para bastir su pensamiento sobre la vida y el hombre respecto a la divinidad. Para fray Luis, el ser humano, a través del alma, aspira a la unión con Dios. Aunque no indaga en el éxtasis de la experiencia mística, sí refleja los estadios de preparación y de renuncia terrena para conseguir la perfección moral, que son propios del ascetismo. De Horacio y de Virgilio, cuyo legado admiraba, aprendió recursos de contenido y de forma: por una parte, los motivos bucólicos y el gusto por el tópico del *beatus ille* para describir parajes amenos; por otra, la disposición estrófica de las odas horacianas. Recibe la herencia de Garcilaso en el uso de la lira y en el hallazgo de las posibilidades que esta presentaba para componer odas. La alternancia de versos heptasílabos y pentasílabos, frente a la longitud del endecasílabo, le permitió una expresión ágil y acorde con su ideal de condensada sencillez.

La obra de fray Luis de León consta de cuarenta composiciones aproximadamente. Representa una de las más altas cimas de la literatura española por la maestría con que conjuga el ideal humanístico de expresión sobria y natural, por el tratamiento armónico de las fuentes sacras y profanas, y por el empleo de una imaginería poética al servicio de lo divino y de lo humano. Destacan las odas «Canción de la vida solitaria» o «Vida retirada» (pág. 77) y «De la vida del cielo» (pág. 84); las dedicadas a Juan de Grial (pág. 81), a Diego Oloarte, a Pedro Portocarrero, a Felipe Ruiz y a Francisco de Salinas; y la oda de temática nacional «Profecía del Tajo».

También fue autor de libros en prosa: *De los nombres de Cristo*, *La perfecta casada*, *Exposición del libro de Job*, la traducción del Cantar de los Cantares y piezas breves como un fragmento biográfico sobre Santa Teresa de Jesús. En latín escribió textos de carácter religioso.

Al igual que Garcilaso de la Vega, gozó del reconocimiento de muchos de sus coetáneos y gran parte de sus poemas se difundieron en copias manuscritas ya en vida del autor. La primera edición anotada de su obra data de 1631 y la realizó Francisco de Quevedo.

2.3.3. San Juan de la Cruz

Juan de Yepes Álvarez nació en Fontiveros (Ávila) en 1542. Recibió formación humanística en el colegio de los Padres Jesuitas de Medina del Campo (Valladolid), donde conoció el petrarquismo y la poesía de Garcilaso. Ingresó en la Orden del Carmelo en 1563. Aprendió Artes y Teología en Salamanca entre 1564 y 1568. Junto con Santa Teresa de Jesús inició la reforma de los carmelitas e impulsó el retorno al ideal religioso de la vida consagrada a Dios con humildad y pobreza. Por esta causa y por disensiones internas con otros miembros de la orden, San Juan fue aprisionado en Toledo en diciembre de 1577 y huyó nueve meses después, en agosto de 1578, con ayuda sus correligionarios. De este período data la primera redacción del poema *Cántico espiri-*

tual. Una vez libre, volvió a sus actividades de reestructuración carmelitana, no sin encontrar duros opositores. Murió en Úbeda en 1591.

En su lírica destacan los libros *Noche oscura del alma*, *Cántico espiritual* y *Llama de amor viva*. Los compañeros religiosos de San Juan le solicitaban una versión prosificada para entender mejor el mensaje místico que transmitía y a esta petición se deben tres textos en prosa con el mismo título que las obras en verso, además de *Subida al Monte Carmelo*, segundo tratado que acompañaba a *Noche oscura del alma*. También escribió poemas breves, glosas y romances, de entre los que sobresalen «Canción del pastorcico», «Aunque es de noche» y «Tras de un amoroso lance» (pág. 91).

Como ocurre con Garcilaso de la Vega y fray Luis de León, la producción de San Juan de la Cruz ganó la más alta consideración literaria. Es el autor místico por excelencia a causa de la profundidad, la originalidad y la intensidad de sus versos. El misticismo de San Juan recoge y articula con maestría las tradiciones bíblica, italianizante y cancioneril castellana para transmitir la experiencia inefable de la comunión con Dios. Tras el sufrimiento que implicaba la vía purgativa en el desasimiento de los bienes terrenales, seguía el anhelo por trascender la cárcel del cuerpo mediante el estudio y la iluminación, para finalmente hallar el éxtasis del alma en la revelación divina.

San Juan de la Cruz recoge la herencia del Cantar de los Cantares, que ensalza el amor humano en el matrimonio y que traslada, en interpretación alegórica, al amor entre Dios (el Amado) y el alma del creyente (la Amada). Asimismo, recurrió a los códigos del lenguaje amoroso propios de la filosofía neoplatónica renacentista para describir mejor la fuerza del sentimiento espiritual. Del magisterio cancioneril incorpora tópicos y temas trovadorescos tales como imágenes cinegéticas de caza (el ciervo herido que huye o el águila que apresa la pieza que persigue) y juegos de palabras conceptuosos. La poesía mística, por la dificultad para detallar con palabras la conmoción intensa del contacto directo con Dios, se sustenta en símbolos, metáforas, asociaciones semánticas irracionales y motivos eróticos en clave divina.

En métrica, prefirió las estrofas italianas para sus poemas: liras y versos endecasílabos. En *Cántico espiritual* y *Noche oscura del alma*, las liras le ofrecieron la forma ideal para dar cabida a la exuberancia del lenguaje místico en un tono concentrado y libre de adornos innecesarios. Este molde, por su brevedad y por su semejanza con el estilo clásico de Horacio, gozó de gran aceptación. Otras formas métricas que practicó el autor fueron las de tradición castellana como los romances, las coplas y los villancicos.

3. BARROCO

El Barroco español vino acompañado de una crisis profunda en casi todos los ámbitos. Esta situación marcó el ánimo de la época con el signo del desengaño, del malestar y de las vanas apariencias. Sin embargo, el campo de la producción cultural experimentó un florecimiento extraordinario, muy probablemente por lo que tienen las artes de válvula de escape ante la realidad aciaga.

Durante el Barroco el país quedó sumido en una grave crisis a consecuencia de la desatinada gestión de sus gobernantes. Algunos síntomas de este proceso se fraguaron en el reinado de Felipe II a raíz de las guerras de religión, del escaso desarrollo de la industria, del menosprecio del comercio, del expolio de las minas latinoamericanas, de las tensiones entre castas sociales o de los casos de corrupción.

El origen de la palabra *barroco* es incierto, pero se sabe que alude a una perla o a una roca de apariencia irregular y también a un argumento deforme en la ciencia lógica. Por extensión se aplica a un período en que abundaban formas discordantes, abigarradas y muy adornadas en la realidad artística. Se trata de parámetros opuestos al canon renacentista armónico y clásico, que se manifestaron en la arquitectura, la pintura, la literatura, la música, la filosofía, la religión, las costumbres o la política. Es por esto que el cambio de paradigma ocurrido en Europa después del Renacimiento se conoce con el nombre de Barroco.

3.1. *En contexto: historia y sociedad*

En España esta época coincidió con los reinados de Felipe III (1598-1621), Felipe IV (1621-1665) y Carlos II (1665-1700). El gobierno del primer monarca se caracterizó por una política pacificadora respecto a las guerras religiosas internacionales, que habían mermado la población española considerablemente. El rey no desempeñó el liderazgo que de él se esperaba y dejó el poder en manos de validos o primeros ministros: los duques de Lerma y de Uceda. Ambos pasaron a la historia por su incapacidad para gestionar la economía del país y por los numerosos casos de corrupción y de nepotismo que salpicaron de descrédito a las clases aristocráticas. Además, en 1609, Felipe III decretó la expulsión de los moriscos —comunidad de ascendencia musulmana— por sospechas respecto a la autenticidad de su conversión al cristianismo y a supuestas conspiraciones con el Imperio turco, enemigo de la cristiandad. A causa de esta medida, muchas tierras quedaron despobladas, ya que el colectivo morisco representaba una parte importante de la población que se dedicaba a labores agrícolas en la Coronas de Aragón y de Castilla.

El rey sucesor, Felipe IV, intentó poner remedio a la crisis con severas reformas que ejecutó su valido, el conde-duque de Olivares, pero no prosperaron. Aunque este se enfrentó a la nobleza y al clero con intención de regenerar la política interna, no lo consiguió. Tampoco mejoró la crisis económica, pues se retomaron guerras como la de los Treinta Años, que arruinó el país. Esta contienda comenzó como un conflicto entre países protestantes y católicos, y acabó en una lucha de las potencias europeas por la hegemonía del continente. El comercio era escaso debido al poco protagonismo de la burguesía, cuyo incipiente desarrollo se detuvo con el destierro de los moriscos, que les proporcionaban materias primas para sus negocios. Ambos grupos, burgueses y trabajadores, dinamizaban la economía y generaban riqueza. Pero los prejuicios de casta y el recelo antijudaizante y antimusulmán que las acompañaban, conllevaron el menosprecio por cualquier trabajo de carácter comercial o manual y, por tanto, impidieron el progreso. Pesaba más la homogeneidad religiosa que la recuperación del marasmo en que se encontraba el país. De ahí el inmovilismo y la polarización de unas pocas familias bienestantes frente a una masa de población que sobrevivía en duras condiciones. Por aquel entonces se perdió la potestad sobre Holanda, Portugal y la de Cataluña entre 1640 y 1652. Todo ello acabó por sumir al país en la ruina. España dejó de ser la potencia imperial que fue con Carlos I y Felipe II.

Carlos II tenía cuatro años cuando heredó el trono. Su madre, Mariana de Austria, actuó como reina regente hasta la mayoría de edad del monarca. Por su pésima condición física, el rey delegó el gobierno en validos como el duque de Medinaceli o el conde de Oropesa. Este último trató de sanear la economía con nuevas medidas de recuperación, que implicaban reorganizar los latifundios de la aristocracia para que los beneficios de las tierras pudieran repartirse. Pero los nobles se opusieron al cambio y el conde de Oropesa no logró su propósito. Nuevas campañas militares contra Francia se saldaron con derrotas que situaron a España al borde del colapso. La muerte de Carlos II, sin descendiente, conllevó un nuevo conflicto bélico, la Guerra de Sucesión (1701-1715), entre los países europeos que se disputaban el trono vacante.

El Barroco supone una vuelta a actitudes medievales en cuanto a la forma de gobierno y al desarrollo social. La monarquía absoluta de los Austrias contó con el respaldo de la nobleza y del clero que, como estamentos privilegiados, no vieron con buenos ojos la pérdida de prerrogativas que conllevaba la consolidación de las clases burguesas y trabajadoras. De ahí que se aliaran con el poder real para impedir la movilidad social y el reparto de riquezas. La crisis, por tanto, repercutió en los menos pudientes y esta situación provocó tensiones entre castas, que se agudizaron por las pugnas interreligiosas. En aquellos años era prioritario atajar cualquier atisbo de herejía y algunos valores asociados con la modernidad, la burguesía y el laicismo fueron perseguidos por la Inquisición. La pobreza empujó a muchas personas hacia las grandes ciudades, donde no encontraron la prosperidad, y otros optaron por emigrar a América en busca de un futuro mejor.

La mayoría de los autores del XVII vivían bajo el auspicio de mecenas. También los había que se dedicaban a menesteres burocráticos y eclesiásticos para ganarse el jornal: Quevedo era consejero de nobles y Góngora se ordenó sacerdote. Esta situación de dependencia respecto al mecenazgo, el peso de la censura inquisitorial o incluso las modas determinaban la libertad de creación. Los escritores barrocos vivieron en un ambiente de dificultades y de desánimo. Como hijos de su tiempo, expresaron, a través de diversas formas y de múltiples actitudes, el malestar de la época. La reacción que la crisis produjo en los artistas comprende un amplio espectro: desde la protesta a la congoja, pasando por el retiro ascético, la evasión en clave de humor o la mera resignación. La naturalidad y la sencillez renacentistas dejaron paso a un estilo muy elaborado, lleno de contrastes y de agudezas verbales, que los escritores desplegaban para captar un panorama complejo.

3.2. *Principales corrientes de la poesía barroca*

La poesía del XVII invita al ejercicio intelectual a partir de recursos literarios producto del ingenio. La lírica barroca se fundamenta en códigos artísticos y lingüísticos que formaban parte del acervo cultural de los escritores. Estos los aprendían en el estudio de los clásicos grecolatinos, de la mitología, de la Biblia y de la tradición humanística. El autor que dominaba estas materias disponía de las claves para codificar el mensaje poético y el lector que las adquiría hallaba en la lectura un pasatiempo gustoso, una fuente de información y un estímulo para el pensamiento.

Más que una ruptura con el período anterior, se produjo una evolución. El proceso despuntó durante las últimas décadas del siglo XVI y se caracterizaba por la acumulación de figuras estilísticas o el empleo de vocabulario latinizante. Estos indicios de lo barroco a finales del Renacimiento se asocian con un estilo puente llamado Manierismo.

A lo largo del XVII la lírica petrarquista continuó cultivándose, al igual que la romanceril, la de tradición popular, la religiosa y la épica, todas ellas bajo supuestos de la nueva estética. Sin embargo la poesía barroca es, sobre todo, de signo conceptista y, en un estadio más de su evolución estilística, culteranista.

3.2.1. Conceptismo

La poética barroca gira en torno al conceptismo, que se basaba en el concepto o dicho ingenioso. Los poetas trabajaron la agudeza verbal de manera que sus versos transmitieran el significado por medio de referencias o alusiones. En lugar de codificar el mensaje directamente preferían dar un rodeo literario. Para ello empleaban recursos estilísticos como metáforas, comparaciones, paradojas, antítesis o hipérboles. Baltasar Gracián, autor de la época, sistematizó las técnicas del estilo conceptista en el libro *Agudeza y arte de ingenio* (1648). Allí definió el concepto como un «acto del entendimiento que exprime la correspondencia que se halla entre los objetos». Es decir, el concepto establece correspondencias entre el pensamiento y otras realidades que se le parecen.

En este sentido, podemos tomar como ejemplo el siguiente verso de Quevedo: «soy un fue, y un será, y un es cansado» (*Poesía completa*, 4). La alternancia de los verbos crea una paradoja y una imagen visual que parte de la idea abstracta del paso del tiempo. La voz poética se refiere a tres edades del hombre —infancia o juventud (*fue*), madurez (*es*) y senectud (*será*)— y las equipara con el presente, el pasado y el futuro del verbo *ser* para manifestar la triste fatiga que le produce pensar en la fugacidad de la vida. Así pues, el conceptismo permitía al poeta construir el verso con un tono metafísico que no existe en expresiones coloquiales como «parece que fue ayer», «cómo pasa el tiempo» o «quién te ha visto y quién te ve». Este modo de versificar muestra al lector matices de la realidad que solo se descubren gracias a la mirada de un poeta.

3.2.2. Culteranismo

Una de las grandes polémicas que sacudió el panorama literario del Siglo de Oro fue la que enfrentó a los partidarios del conceptismo con los autores que escribían siguiendo el estilo poético de Luis de Góngora. Estos eran conocidos como culteranos, culteranistas, gongoristas o gongorinos. Los calificativos empleados para referirse al grupo eran de carácter despectivo. El hecho de que se los conociera como culteranos o culteranistas se debe a la semejanza de estos vocablos con los que aludían a los herejes protestantes: luteranos, luteranistas. Tanta era la heterodoxia que representaba esta poesía que algunos la compararon con la ruptura del cisma religioso.

El culteranismo no se opone al conceptismo, como pudiera parecer por la acritud de los polemistas áureos que se pronunciaron en su contra. Se trata más bien de una elaboración extrema del mensaje y de los conceptos, que sigue patrones léxicos y sintácticos de la lengua latina y que tiene en la metáfora, la metonimia y el hipérbaton sus figuras predilectas. A diferencia del conceptismo, en que el significado se destila en una expresión precisa, el culteranismo transmite una anécdota sencilla con formas muy adornadas. Así, para Góngora, el dedo de una dama se convierte en «nácar articulado» («De una dama que, quitándose una sortija, se picó con un alfiler», pág. 105) por la semejanza que nota el poeta entre la piel de la mano y el color del nácar. Esta metáfora resalta la blancura de la piel femenina y el valor que adquiere al suponerla hecha de la misma sustancia que las perlas.

Los poetas culteranos se habían formado en la tradición literaria renacentista, por lo que tenían un gran dominio de la retórica, los temas y los tópicos del italianismo, del cancionero, de los romances y de la lírica tradicional. Por eso fueron capaces de crear una lengua literaria diferente donde el lenguaje fosilizado del período anterior se convirtió en un código en clave literaria. De esta manera codificaban, o casi encriptaban, sus versos y los consideraban aptos solo para quienes fueran capaces de descifrarlos. El lector dotado con la habilidad necesaria descubría en ellos un nuevo mundo.

3.2.3. Pervivencia del petrarquismo

La poesía de raigambre petrarquista seguía en boga. Italia era una potencia hegemónica en el campo del arte y su influencia en nuestra literatura continuaba vigente. El *Canzoniere* de Petrarca y la obra de Garcilaso fueron el abecedario de los poetas que cantaban al amor desde una perspectiva culta e intelectual. Tras casi un siglo de ejercicio poético en las formas y en los metros del petrarquismo, los escritores barrocos experimentaron con esquemas hasta entonces trillados. Para superar el agotamiento de la tradición, rompieron automatismos y vistieron a la poesía con las señas de identidad del Barroco.

En Lope de Vega, por ejemplo, la ruptura significó cierto grado de identificación entre el yo poético y la biografía del autor, recurso poco habitual en la tradición áurea. Sus versos transmiten una intensa pasión, de la que son paradigma los sonetos en que define el amor. Quevedo produjo el cancionero «Canta sola a Lisi, y la amorosa pasión de su amante», donde la amada es más un ente abstracto que inspira reflexiones metafísicas sobre el tiempo y la vida. A partir de imágenes inspiradas en el repertorio de Petrarca, el autor logró una simbiosis perfecta entre la estética conceptista y su visión desengañada de la vida. El preciosismo de colores y de sensaciones físicas que Góngora recrea en sus sonetos a la manera italiana sugiere una aproximación pictórica, casi de bodegón, a la lírica amorosa. El profundo conocimiento de los códigos del italianismo le permitió crear una metalengua en la que el sentimiento era un pretexto para ejercitar el ingenio y mostrar su dominio de la tradición literaria.

3.2.4. La tradición romanceril

La composición de romances sigue siendo popular en el siglo XVII. El Romancero nuevo se amplía con la obra de autores como Lope de Vega, Cervantes, Góngora y Quevedo, que crearon piezas de carácter histórico, religioso y mitológico desde ópticas serias y jocosas. Los romances que pertenecían a los géneros morisco, pastoril y de cautivos tuvieron mucho éxito durante el Barroco. Los primeros se situaban en el pasado medieval y sus personajes, un caballero y una dama, eran de origen árabe. En este ambiente caballeresco —ajeno a la realidad que los moriscos españoles vivían entonces—, se desarrollaba una historia de amor marcada por la fogosidad y por el dinamismo de las acciones originadas por los celos, el despecho o la traición entre enamorados (la composición de Lope de Vega que arranca con el verso «Mira, Zaide, que te aviso» es un claro ejemplo, pág. 109). Los romances de corte pastoril se centraban en la introspección sentimental, eran pasionalmente más comedidos y se enmarcaban en un espacio bucólico. En cambio, los de cautivos o forzados relataban el secuestro de uno de los amantes, y se acompañaban con reflexiones sobre la libertad y el posible reencuentro de la pareja (el romance de Góngora que comienza «Amarrado al duro banco» ilustra este caso, pág. 99).

Entre 1600 y 1604 aparecieron varias ediciones del *Romancero general*, que compilaba los romances de la época. A medida que avanzaba el siglo, estos poemas recibieron la influencia del estilo conceptista y priorizaron la elaboración del lenguaje frente a la narración de hechos o a la exploración de los sentimientos. Se produjo en ellos un cambio de perspectiva respecto a las voces poéticas y ya no había tantos enamorados que cantaban sus placeres o sus cuitas, sino que eran rufianes, ancianas alcahuetas o incluso prostitutas quienes daban voz al romancero desde una perspectiva jocosa.

3.2.5. Poesía burlesca

Los grandes poetas del XVII no se limitaron a un solo molde poético. Exploraron todas las posibilidades a su alcance y adaptaron los tonos y los temas a las circunstancias. A pesar de la crisis, el desengaño se aligeraba con la risa. La seriedad de la poesía filosófica, el fervor de la lírica religiosa o las expansiones del amor convivieron con poemas de temática festiva. El sentido del humor proporcionó a los autores un desahogo catártico frente a la decadencia reinante y permitió ejercer la crítica ante realidades que no eran de su agrado —en ocasiones afilaban la pluma para zaherir con piezas mordaces a otros colegas de profesión—. El ingenio conceptista era perfecto para deslizar duros ataques, chanzas hirientes o bromas divertidas entre los versos.

Como consecuencia de la degradación de los ideales clásicos, se trastruecan los cánones de belleza y de armonía en aras de la burla. Así, las damas de alta alcurnia que protagonizaban numerosos romances y sonetos, las figuras mitológicas que encarnaban los sentimientos más puros o los galantes caballeros que sufrían por amor cedieron el lugar a mujeres que se maquillaban en exceso para ocultar la edad, diosas de la mitología convertidas en prostitutas, rufianes que pugnaban por un poco de alcohol o alabanzas irónicas al poder corruptor del dinero. Los títulos de estos poemas son un buen ejemplo: «A las ojeras de una dama» y «A una dama que criaba un cernícalo», de Lope de Vega; la letrilla inspirada por la expresión «Ándeme yo caliente / y ríase la gente», de Góngora (pág. 96); «Hero y Leandro en paños menores», «Vieja verde, compuesta y afeitada», «Al mosquito de la trompetilla», «Mujer puntiaguda con enaguas» (pág. 123), «A un hombre de gran nariz» (pág. 121) o la sátira que glosa el estribillo «Poderoso caballero / es don dinero», de Quevedo (pág. 125).

3.3. *Poetas barrocos*

3.3.1. Luis de Góngora

Luis de Góngora y Argote nació en Córdoba en 1561, en el seno de una familia acomodada. Estudió Cánones en la Universidad de Salamanca, aunque su gran pasión fue siempre la literatura. Para ganarse la vida recibió cargos eclesiásticos y se ordenó sacerdote, a pesar de no tener vocación religiosa. Debido a compromisos profesionales residió esporádicamente en Madrid y en Valladolid, según la Corte se ubicara en una u otra ciudad, donde intentó conseguir cargos que mejoraran su posición. En 1613 se difundieron copias manuscritas de sus poemas *Fábula de Polifemo y Galatea* y *Soledades* que, por el alto grado de experimentación lingüística, causaron un revuelo inmenso en los ambientes literarios. En 1617, con la intención de prosperar en la capital, se trasladó a Madrid de manera estable, pero pasó graves apuros económicos, en parte debidos a su afición por el juego. En 1626 volvió a Córdoba aquejado por problemas de salud y falleció en 1627.

La producción de Góngora es fundamentalmente lírica, pero de su pluma se conservan dos comedias, *Las firmezas de Isabela* y la inacabada *El doctor Carlino*, además de un epistolario. Como poeta cultivó los géneros y los metros barrocos en boga. Su poesía trata temas sagrados y profanos, que expone mediante estrofas al uso: sonetos, romances, silvas, octavas o redondillas. Algunos romances fueron recogidos en las antologías *Flor de romances nuevos* (1589), de Pedro de Moncayo, y *Flores de poetas ilustres* (1605), de Pedro de Espinosa. Al poco de morir se editaron sus poemas y se publicaron en un volumen titulado *Obras en verso del Homero español* (1627), cuyo título indica la consideración que le tuvieron algunos coetáneos al compararlo con un maestro clásico, el gran poeta griego Homero.

Luis de Góngora ha pasado a la historia por ser el máximo exponente del culteranismo, pero no hay que olvidar que en su obra se alternan diversos estilos que marcaban los códigos retóricos y poéticos del Barroco. Los romances de sus primeros años se ajustan al tono popular que caracteriza estas composiciones. Los sonetos que entroncan con la corriente petrarquista demuestran la asimilación de los tópicos literarios. Destacó en la lírica culta y en el manejo de los conceptos, de una manera tan personal que creó un lenguaje poético nuevo. Aunque su estética se enmarca en la tendencia conceptista de la agudeza verbal, el uso abundante de ornamentos por encima de la condensación extrema de contenidos lo diferencian. Recurrió a voces latinas que castellanizó, metáforas de segundo grado, alteraciones del orden sintáctico de la frase (hipérbatos) y encabalgamientos abruptos. Todo ello creó una estética que combinaba el reto intelectual, el primor por el detalle delicado y el deleite sensorial.

Según el tratamiento poético, en la producción de Góngora se distinguen la poesía satírico-burlesca, la amorosa, y la grave o moral. En la primera manifiesta su inconformismo ante las limitaciones de la crisis y carga contra vicios y actitudes encumbradas por una sociedad corrupta (véase la composición inspirada en el dicho popular «Ándeme yo caliente / y ríase la gente», pág. 96). Se mofa de poetas enemigos, sobre todo de Quevedo y de Lope de Vega, de los lugares comunes literarios y de los personajes mitológicos que trata con gravedad en otros registros. Así logra un efecto desmitificador y cómico, ya que rompe las expectativas de quienes conocían esas historias explicadas desde un punto de vista serio. La poesía amorosa gongorina es más bien ejercicio intelectual que expresión de un sentimiento (desde esta perspectiva se concibe «De una dama que, quitándose una sortija, se picó con un alfiler», pág. 105). Por lo que respecta a la lírica moral y religiosa, no alcanza la profundidad metafísica de otros autores. Compuso piezas circunstanciales que dedicó a nobles u otras figuras que precisaban de sus poemas en compromisos cortesanos, aniversarios o conmemoraciones.

La *Fábula de Polifemo y Galatea* y *Soledades* se adscriben al registro de la poesía culta. En ellas creó un nuevo idioma, de extrema dificultad para quienes carecían de los códigos interpretativos. No eran versos para conmover a los corazones, sino para deslumbrar a la inteligencia, en los que el lector también llevaría a cabo un proceso de creación al reconstruir su significado.

Góngora había proyectado las *Soledades* en cuatro poemas, de los cuales escribió el primero y parte del segundo. El protagonismo era para el lenguaje, por eso la anécdota resultaba mínima: un joven se salva tras naufragar el barco en que viajaba, recala en una isla donde lo acogen los lugareños y, cuando se recupera, presencia la celebración de una boda. El poema transmite el ideal de la vida bucólica y el deseo de apartamiento del «mundanal ruido». Góngora empleó la forma métrica de la silva porque permitía acomodar los artificios poéticos con flexibilidad (distribución de rimas, cultismos, palabras con acentuación esdrújula).

El rechazo más grande que suscitaron las *Soledades* se debía a una cuestión de naturaleza retórica, pues Góngora efectuó una ruptura del estilo nunca vista hasta entonces. La obra, que se planteaba como texto de carácter pastoril, debía acogerse a las pautas del género bucólico, es decir, a una escritura de lenguaje claro y sencillo. Sin embargo, el poeta empleó, voluntariamente, un registro culto y elevado exclusivo de la épica que cantaba hazañas heroicas en largas tiradas de versos. Muchos críticos y autores del Barroco no estaban preparados para una innovación tan grande respecto a las reglas poéticas establecidas por los cánones, por eso condenaron las *Soledades*.

Luis de Góngora fue objeto de polémica en su tiempo y en siglos posteriores por la apuesta arriesgada que hizo en favor del artificio verbal frente a la claridad del significado. Aunque tuvo seguidores como el conde de Villamediana, Pedro Soto de Rojas y otros poetas que lo consideraron un clásico, los duros enfrentamientos con dos grandes genios, Quevedo —que le dedicó poemas como «Receta para hacer *Soledades* en un día»— y Lope de Vega, le supusieron críticas feroces que empañaron su legado poético con clichés peyorativos. En los siglos XVIII y XIX se le reconoció por la producción romanceril más accesible, pero hubo que esperar al XX —por iniciativa de Rubén Darío y los poetas de la llamada generación del 27— para que se revalorizara la figura de Góngora como artífice de un idioma poético original.

3.3.2. Lope de Vega

Lope Félix de Vega Carpio es, sin duda, el escritor más prolífico que han dado nuestras letras, no en vano recibió el sobrenombre de Fénix de los Ingenios Españoles y Monstruo de la Naturaleza. Nació en Madrid en 1562, en el seno de una familia humilde. Pudo acceder a la educación, se formó en un colegio jesuita y, posiblemente, en la Universidad de Alcalá. De joven participó en la conquista de la isla portuguesa de Terceira (1583) en el archipiélago de las Azores. Al regresar a Madrid se enamoró de la actriz Elena Osorio, hija del director de una compañía teatral, que más tarde lo abandonó. Lope, despechado, escribió una serie de poemas injuriosos contra ella, por los que se le condenó a dos años de destierro de Castilla y ocho de Madrid. Con su primera esposa, Isabel de Urbina, se instaló en Valencia, ciudad de gran actividad teatral en la que desarrolló su carrera como dramaturgo.

Cumplidos los primeros años de destierro, regresó a Castilla. En Toledo sirvió al marqués de Malpica y, en Alba de Tormes, al duque de Alba (1592-1595). Recibió el perdón y pudo volver a Madrid, donde ejerció como secretario de nobles. Allí, viudo de Isabel de Urbina, conoció a la comedianta Micaela Luján, mujer casada de quien se enamoró perdidamente. A pesar de su relación con Luján, contrajo matrimonio con Juana de Guardo, hija de un rico carnicero. Durante esta época trabajó al servicio del duque de Sessa, y también le hizo de alcahuete. Tras la muerte de uno de sus hijos pequeños, de su esposa y de otras desgracias, le sobrevino una honda crisis personal que le llevó a ordenarse sacerdote en 1614. Sin embargo, pronto conocería a su último gran amor, Marta de Nevares. La joven tenía esposo, pero esto no fue impedimento, pues con el tiempo enviudó y ambos formalizaron la relación. En la edad adulta Marta de Nevares cayó gravemente enferma y Lope le dedicó todos los cuidados necesarios hasta que ella expiró diez años después (1632). Lope de Vega murió en Madrid en 1635, su funeral fue multitudinario. La inmensa fama que le acompañó como dramaturgo y su condición de poeta querido por el pueblo le granjearon la celebridad.

La suya fue una vida de grandes contradicciones, éxitos y miserias, pasiones desenfrenadas, controversias y, sobre todo, de devoción sin límites por la literatura. Cultivó con maestría diversos géneros literarios: poesía, teatro, novela, aunque la escritura de obras teatrales constituyó su principal ocupación. Creó la *comedia española*, nuevo género dramático que combinaba lo cómico con lo trágico según los gustos del público.

Lope dominaba el lenguaje de tal manera que no había metro que se le resistiese. Escribió romances, sonetos y composiciones de raigambre popular. En ellos alternan los temas sacros y los profanos, que expresaba con un estilo natural. No ignoró las corrientes conceptista y culterana: de ellas, se decantó por las sutilezas de la primera, aunque admiró la brillantez de Góngora. Fruto de su personalidad intensa y vitalista son algunas trazas biográficas que se observan en sus poemas, donde laten las pasiones vividas, las traiciones amorosas, la añoranza de los buenos momentos y otros estados sentimentales.

La producción lírica de Lope de Vega es variada. De

su juventud destacan los versos romanceriles recogidos en las compilaciones *Flor de romances nuevos* (1589-1597) y *Romancero general* (1600-1604) y, también, los poemas épicos *La Dragontea* (1598), *El Isidro* (1599) o *La hermosura de Angélica* (1602). En su madurez se publicaron, entre otros, los libros *Rimas* (1602), *Rimas sacras* (1614), *La Filomena* (1621), *La Circe* (1624), *Rimas humanas y divinas del licenciado Tomé de Burguillos* (1634) y, póstumamente, *La vega del Parnaso* (1637). Asimismo incluyó versos en sus novelas como, por ejemplo, *La Dorotea* (1632).

3.3.3. Francisco de Quevedo

Francisco de Quevedo y Villegas nació en Madrid en 1580. Era hijo de una familia hidalga oriunda de La Montaña (Santander). Sus padres trabajaban al servicio de la reina Ana María, esposa de Felipe II. Quevedo se educó en el Colegio Imperial de los Jesuitas y continuó sus estudios de letras, artes, filosofía y teología en las universidades de Alcalá y de Valladolid. En esta ciudad conoció al poeta Góngora, con quien se enemistó pronto y de por vida a causa de polémicas literarias sobre la estética conceptista.

En 1613, como consejero del duque de Osuna, se trasladó a Italia y vivió entre Sicilia y Nápoles, donde ambos trabajaron para consolidar el poder español en territorio italiano. En 1621, por razones poco claras, el duque y el poeta cayeron en desgracia ante el rey Felipe III y fueron desterrados. Quevedo pasó un tiempo de retiro en sus dominios de la Torre de Juan Abad

(Ciudad Real) hasta que recuperó el favor de Felipe IV, a quien asistió como secretario.

Contrajo matrimonio con una dama de la corte, pero el enlace fue breve (1634-1636) y fallido. Continuó vinculado al ámbito político y siguió la trayectoria del conde-duque de Olivares en su plan de regenerar el país, primero con esperanzas y, luego, decepcionado. En 1639 se le volvió a condenar a prisión, aunque nuevamente en condiciones poco claras respecto a la pena. Pasó cuatro años privado de libertad en una celda del convento de San Marcos (León). En 1645 murió en Villanueva de los Infantes (Ciudad Real).

Quevedo es maestro en el arte de condensar el significado, de darle varios sentidos, de emplear un lenguaje de llana apariencia forjado con la precisión del orfebre. Junto con Baltasar Gracián y Pedro Calderón de la Barca constituye la trinidad del conceptismo. Sus versos, que en vida del autor circulaban manuscritos, se recogieron póstumamente en dos volúmenes: *Parnaso español* (1648) y *Las tres musas últimas castellanas* (1670). Empleó el soneto con brillantez y gustó de otras formas métricas como los romances, las silvas, las epístolas en tercetos o las canciones. La obra de Quevedo no se circunscribe a la poesía; escribió textos en prosa como *Sueños*, *La hora de todos y la Fortuna con seso*, *La cuna y la sepultura*, *Política de Dios, gobierno de Cristo y tiranía de Satanás*; y la novela *La vida del buscón llamado don Pablos*.

Como poeta, moralista y pensador político, Quevedo tuvo una clara conciencia de la crisis que afectaba al país y de las dificultades para superarla. Esto repercutió, por una parte, en la profundidad de su pensamiento y, por otra, en la reacción sarcástica desengañada. Las constantes temáticas de la lírica quevedesca giran en torno a emociones universales enfocadas desde la perspectiva barroca: preocupación por el país, amor, degradación de los valores éticos. Aunque el tono pesimista predomina en muchas composiciones, no hay que olvidar la vertiente burlesca y procaz con que lo compensa.

La obra poética de Quevedo puede estudiarse atendiendo a una clasificación temática. Así, se observan poemas amorosos, religiosos o morales y satírico-burlescos. En todos se trasluce la visión angustiada de la existencia humana. Los primeros se insertan en la tradición que parte de Petrarca, Boscán y Garcilaso hasta llegar a Lope de Vega. Los sonetos de amor de Quevedo se distinguen por la combinación entre la intensidad del sentimiento y la perspectiva metafísica de la vida. Destaca el breve cancionero «Canta sola a Lisi, y la amorosa pasión de su amante», en que se detallan los estadios del amor hacia una dama.

En cuanto a la poesía moral y religiosa, llama la atención el tono grave con que el autor lamenta la corrupción del hombre y de la sociedad de su tiempo, y la tristeza ante la brevedad de la vida. Quevedo era un escritor católico, por lo que para él la fe cristiana proporcionaba una vía de consuelo. Pero esta actitud de resignación también se atribuye a su estudio del filósofo clásico Séneca, que Erasmo de Rotterdam había traducido en 1515. Las reflexiones sobre la brevedad de la vida, la inevitabilidad de la muerte, el desprecio por las falsas apariencias, la aceptación conforme de las limitaciones humanas y el anhelo ascético son afines a la corriente senequista o estoica (léanse los poemas «Significase la propria brevedad de la vida, sin pensar, y con padecer, salteada de la muerte», pág. 119, y el «Salmo XVII», pág. 120).

En Quevedo se produce un contraste entre la quietud resignada y la exaltación vital. De ello son un buen ejemplo sus versos satíricos, en los que se ríe, con amargura, de la decadencia barroca. Se burló sin piedad de los temas serios que había tratado en las composiciones amorosas, religiosas y morales. Despliega su ingenio conceptista en la creación de numerosos recursos cómicos a partir de juegos de palabras, léxico coloquial y otros mecanismos del lenguaje que domina a su voluntad. Claro ejemplo de ello son «A un hombre de gran nariz» (pág. 121), «Mujer puntiaguda con enaguas» (pág. 123) y la letrilla sobre el poder del dinero (pág. 125).

4. RETÓRICA Y MÉTRICA

En los poemas del Siglo de Oro hay varias capas de significados que se superponen armónicamente. Esto ocurre porque la técnica de la que partían los autores auriseculares, que recibía el nombre de *imitatio*, consistía en emular modelos clásicos de la Antigüedad o de maestros contemporáneos. No implicaba el plagio, sino aprender de escritores ejemplares y recrearlos según la propia aptitud. La idea del genio al que dictan las musas debe mucho a los románticos del XIX, pero no se ajusta con el planteamiento de la creatividad áurea, ya que entonces predominaba el trabajo laborioso sobre el rapto de la inspiración.

El movimiento humanista revitalizó a los autores grecolatinos y, con ellos, una manera de hacer literatura desde la óptica de la retórica y la poética clásicas, fundamentales para el dominio de las letras. A través de estas disciplinas, el mester de la poesía se afianzó como imitación o reelaboración de modelos tópicos, temáticos y métricos, y también como arte de la dificultad del lenguaje. Así pues, el lector culto que adquiría el conocimiento para descifrar el poema descubría un mundo de placeres intelectuales.

En el ejercicio de la *imitatio* los escritores recreaban anécdotas, historias o sentimientos por medio de tópicos tradicionales que conformaban el código literario. Constituían el punto de partida para desarrollar el tema y el adorno de la composición, y se identificaban por su nombre en latín. Algunos frecuentes en el Siglo de Oro son:

- *Aurea mediocritas* (dorada medianía): empleado para alabar el sosiego y el equilibrio de quien se contenta con lo que tiene, sin ambicionar excesos y siendo capaz de valorar la bondad en los pequeños detalles. Su origen entronca con las ideas expuestas por el poeta clásico Horacio en algunas de sus odas (*Auream quisquis mediocritatem / diligit, tutus caret obsoleti / sordibus tecti, caret invidenda / sobrius aula* o «Quien la mediocridad áurea prefiera, / abrigado, mas libre está del sórdido / techo ruinoso y sobrio a la envidiable / sala renuncia»).
- *Beatus ille* (dichoso aquel): locución que se refiere a las virtudes de la vida sencilla y campestre frente al desorden de la ciudad. También se em-

plea para connotar el equilibrio del sabio que se aleja voluntariamente de las vanidades mundanas. El tópico procede de unos versos de Horacio (*Beatus ille qui procul negotiis, / [...] paterna rura bobus exercet suis, / solutus omni fenore* o «Dichoso aquel que lejos de los negocios, / [...] dedica su tiempo a trabajar los campos paternos con sus propios bueyes, / libre de toda deuda»).

- *Carpe diem* (aprovecha el día) y *collige, virgo, rosas* (coge, doncella, las rosas): invitación a disfrutar de la juventud y del presente porque el tiempo de la vida es limitado. Ambas expresiones pertenecen a poetas latinos; la primera a Horacio (*Carpe diem, quam minimum credula postero* o «Aprovecha el día, y desconfía del mañana») y la segunda, a Ausonio (*Collige, virgo, rosas dum flos novus et nova pubes* o «coge, doncella, las rosas mientras la flor está lozana y la juventud fresca»).
- *Locus amoenus* (lugar agradable): sitúa un paraje propicio para el amor en el ámbito de la naturaleza ideal —espacio frondoso, con arroyos cristalinos, aves cantoras, flores perfumadas—. La expresión se remonta a versos del género pastoril de escritores latinos como Teócrito y Virgilio.
- *Descriptio puellae* (descripción de la joven): retrato de una dama hermosa según parámetros establecidos por la tradición. Se apuntan las facciones de su rostro, la blancura de su tez, el color rubio del cabello y, a veces, su actitud desdeñosa hacia el poeta.
- *Tempus fugit* (el tiempo huye): introduce el pensamiento sobre las horas que no pasan en vano, pues

su marcha recuerda la finitud de la existencia. Motivo de filiación clásica que se atribuye a un verso del poeta romano Virgilio en la obra *Geórgicas* (*Sed fugit interea, fugit irreparabile tempus, / singula dum capti circumvectamur amore* o «Pero entretanto huye el tiempo, huye sin retorno, mientras recorremos cada detalle, cautivados por nuestro tema»).

- *Ubi sunt?* (¿dónde están?): pregunta retórica que identifica las reflexiones sobre el paso del tiempo, la desaparición de las glorias terrenales y la brevedad de la vida. Su origen se remonta a la Biblia y a los textos clásicos grecolatinos.
- *Vanitas vanitatum, et omnia vanitas* (vanidad de vanidades, y todo vanidad): se advierte sobre la fugacidad de la vida y la inutilidad de los bienes materiales una vez que el alma abandona el cuerpo mortal. Corresponde a versículos del Eclesiastés (1:2, 12:8) en el Antiguo Testamento.

Entre los temas del gusto áureo destacaron los de raigambre bíblica y mitológica, ya que las *Metamorfosis* de Ovidio y la Biblia fueron libros de cabecera de los escritores. Asimismo ocurría con los bestiarios o compendios de animales fantásticos. Frecuentaban los versos ruiseñores canoros, salamandras enamoradas, ciervos heridos que acudían a las fuentes en busca de alivio, personas que dormían sueños profundos para huir de la realidad, Ícaros cuyas alas de cera se derretían en vuelo al sol, amores imposibles de Dafnes y Apolos, Danaides que nunca llenaban pozos de agua por más que lo intentaran, buitres que devoraban las entrañas de Prometeos encadenados, grandes tragedias causadas por los cabellos de Absalón, venganzas cainitas o expulsiones dramáticas del Paraíso. Los tópicos y los temas trazaban la urdimbre de la literatura aurisecular.

Además, hay que tener presente que, cuando el poeta se decantaba por una estrofa, su elección métrica condicionaba el tratamiento del poema. Y viceversa, si este se inclinaba por un contenido específico, las más de las veces el metro estaba prefijado. Por ejemplo, la introspección amorosa, el pensamiento breve o una anécdota circunstancial se solían materializar en sonetos; la narración de hechos se avenía con el romance en el registro popular, y con la octava real en el culto; las sesudas epístolas se expresaban en tercetos encadenados.

Las principales formas utilizadas fueron:

- Estancia: composición de endecasílabos y heptasílabos distribuidos libremente con rima consonante, cuya longitud podía variar entre los nueve y los veinte versos.
- Lira: cinco versos endecasílabos y heptasílabos de rima consonante organizados sobre el esquema 7a 11B 7a 7b 11B.
- Romance: estrofa de versos octosílabos donde los pares riman en asonante y los impares quedan sueltos. El número de versos es indeterminado.
- Octava real: poema de ocho endecasílabos cuya rima se articula en el esquema ABABABCC.
- Silva: composición donde se suceden versos endecasílabos, o alternan endecasílabos y heptasílabos, con rima consonante libre o sin ella.

- Soneto: catorce versos endecasílabos de rima consonante que se distribuyen en dos cuartetos y dos tercetos según el esquema ABBA ABBA CDE CDE (la rima de los tercetos finales puede variar).
- Tercetos encadenados: estrofa formada por grupos de tres versos, generalmente endecasílabos, cuya rima se distribuye de manera alterna y acorde con el esquema ABA BCB CDC DED; el poeta determina la extensión del poema.

La métrica áurea era deudora de la tradición medieval y de los metros italianos que triunfaron en el Renacimiento. Las estrofas italianizantes —estancia, lira, octava real, silva, soneto, tercetos encadenados— arraigaron en nuestra poesía por la musicalidad y por la elegancia natural que aportaban, si bien el repertorio del acervo castellano —romances, villancicos, letrillas— se siguió empleando con prestancia y vigor.

ANTOLOGÍA POÉTICA DEL SIGLO DE ORO

I

GARCILASO DE LA VEGA

SONETO V

Escrito está en mi alma vuestro gesto
y cuanto yo escribir de vos deseo:
vos sola lo escribistes, yo lo leo,
tan solo, que aun de vos me guardo en esto.

En esto estoy y estaré siempre puesto,
que aunque no cabe en mí cuanto en vos veo,
de tanto bien lo que no entiendo creo,
tomando ya la fe por presupuesto.

Yo no nascí sino para quereros;
mi alma os ha cortado a su medida;
por hábito del alma misma os quiero;

cuanto tengo confieso yo deberos;
por vos nací, por vos tengo la vida,
por vos he de morir y por vos muero.

El yo lírico explica en este soneto la naturaleza de su amor. El rostro de la dama le ha causado una impresión tan honda que lo lleva grabado en el alma. Por eso encuentra en lo más hondo de su ser todo lo que desea escribir. Paradójicamente, la dama ya había escrito estas palabras en el alma del poeta. De ahí que, en lugar de escribir, la voz poética diga leer: la dama está dentro de su alma y él la lee como un libro. Según los cánones del amor cortesano, el caballero guarda en secreto su amor, aquí incluso es discreto leyendo (vv. 1-4).

Esta visión le hace feliz y se dedica a ella. La belleza que ve y el amor que siente son tan grandes que no caben dentro de sí. Aunque no atina a entender con certeza lo que le pasa, cree en la dama igual que un creyente en Dios, y le profesa su fe (vv. 5-8).

La voz poética siente que su único destino es querer a la dama. Declara que su alma está hecha a medida de la de ella. Así, amar es una costumbre y ha adquirido este hábito, en el doble sentido de la palabra: *hábito* como práctica y como traje religioso con el que se ordena devoto de su enamorada (vv. 9-11).

Todo lo que el poeta tiene se lo debe a la dama, que es el motor de su existencia, el centro de su universo, su destino. Lo que él hace es por ella, su diosa, que le da la vida con su presencia y se la quita con la ausencia (vv. 12-14).

SONETO X

¡Oh dulces prendas por mi mal halladas,
dulces y alegres cuando Dios quería,
juntas estáis en la memoria mía
y con ella en mi muerte conjuradas!

¿Quién me dijera, cuando las pasadas
horas que'n tanto bien por vos me vía,

que me habiades de ser en algún día
con tan grave dolor representadas?

Pues en una hora junto me llevastes
todo el bien que por términos me distes,
llevàme junto el mal que me dejastes;

si no, sospecharé que me pusistes
en tantos bienes porque deseastes
verme morir entre memorias tristes.

El yo lírico encuentra, desafortunadamente, unos objetos de la amada que ya no está con él. En un tiempo anterior dichos objetos le hacían sentir feliz. Ahora, al evocar los momentos alegres cuando se siente triste, le parece una conjura de los recuerdos para hacerle morir de pena (vv. 1-4). En el pasado no se le había ocurrido pensar que estos detalles, muestra de amor, se convertirían en causa de tristeza (vv. 5-8).

Por eso, la voz poética implora a los recuerdos para que se lleven el dolor que le han causado. Ya que le arrebataron pronto la felicidad que le habían proporcionado en el pasado tan lentamente, les pide que alivien en seguida el malestar (vv. 9-11). Si no, sospechará que le trajeron la alegría para torturarle después quitándosela (vv. 12-14).

SONETO XXIII

En tanto que de rosa y d'azucena
se muestra la color en vuestro gesto,
y que vuestro mirar ardiente, honesto,
con clara luz la tempestad serena;

y en tanto que'l cabello, que'n la vena
del oro s'escogió, con vuelo presto
por el hermoso cuello blanco, enhiesto,
el viento mueve, esparce y desordena:

coged de vuestra alegre primavera
el dulce fruto, antes que'l tiempo airado
cubra de nieve la hermosa cumbre.

Marchitará la rosa el viento helado,
todo lo mudará la edad ligera
por no hacer mudanza en su costumbre.

En este soneto el yo lírico invita a aprovechar la vida, sobre todo cuando se es joven. Mientras las muchachas sean bellas, su tez pálida y arrebolada, su mirada clara, que provoca el amor y templa el deseo con pureza (vv. 1-4), su cabello rubio como el oro y ondulado alrededor del cuello por efecto del viento (vv. 5-8), deben disfrutar de los buenos momentos que brindan los años juveniles. Más adelante, con la edad, perderán la lozanía y el cabello rubio se volverá tan blanco como la nieve de las montañas (vv. 9-11). La flor de la juventud se marchitará con el frío invernal, es decir, con la vejez, porque el tiempo pasa para todos inevitablemente (vv. 12-14).

CANCIÓN V

ODE AD FLOREM GNIDI

Si de mi baja lira
tanto pudiese el son, que en un momento

aplacase la ira
del animoso viento
y la furia del mar y el movimiento,

y en ásperas montañas
con el süave canto enterneciese
las fieras alimañas,
los árboles moviese
y al son confusamente los trujiese,

no pienses que cantado
seria de mí, hermosa flor de Gnido,
el fiero Marte airado,
a muerte convertido,
de polvo y sangre y de sudor teñido,

ni aquellos capitanes
en las sublimes ruedas colocados,
por quien los alemanes,
el fiero cuello atados,
y los franceses van domesticados;

mas solamente aquella
fuerza de tu beldad seriá cantada,
y alguna vez con ella
también seriá notada
el aspereza de que estás armada,

y cómo por ti sola
y por tu gran valor y hermosura,
convertido en vïola
llora su desventura
el miserable amante en tu figura.

Hablo d'aquel cativo,
de quien tener se debe más cuidado,
que está muriendo vivo,
al remo condenado,
en la concha de Venus amarrado.

Por ti, como solía,
del áspero caballo no corrige
la furia y gallardía,
ni con freno la rige,
ni con vivas espuelas ya l'aflige.

Por ti con diestra mano
no revuelve la espada presurosa,
y en el dudoso llano
huye la polvorosa
palestra como sierpe ponzoñosa.

Por ti su blanda musa,
en lugar de la címbara sonante,
tristes querellas usa,
que con llanto abundante
hacen bañar el rostro del amante.

Por ti el mayor amigo
l'es importuno, grave y enojoso:
yo puedo ser testigo,
que ya del peligroso
naufragio fui su puerto y su reposo;

y agora en tal manera
vence el dolor a la razón perdida,
que ponzoñosa fiera
nunca fue aborrecida
tanto como yo dél, ni tan temida.

No fuiste tú engendrada
ni producida de la dura tierra;
no debe ser notada
—que ingratamente yerra—
quien todo el otro error de sí destierra.

Hágate temerosa
el caso de Anajárete, y cobarde,
que de ser desdeñosa
se arrepintió muy tarde,
y así su alma con su mármol arde.

Estábase alegrando
del mal ajeno el pecho empedernido,
cuando, abajo mirando,
el cuerpo muerto vido
del miserable amante allí tendido;

y al cuello el lazo atado
con que desenlazó de la cadena
el corazón cuitado,
y con su breve pena
compró la eterna punición ajena.

Sentió allí convertirse
en piedad amorosa el aspereza.
¡Oh tarde arrepentirse!
¡Oh última terneza!
¿Cómo te sucedió mayor dureza?

Los ojos s'enclavaron
en el tendido cuerpo que allí vieron;
los huesos se tornaron
más duros y crecieron,
y en sí toda la carne convertieron;

las entrañas heladas
tornaron poco a poco en piedra dura;
por las venas cuitadas
la sangre su figura
iba desconociendo y su natura,

hasta que, finalmente,
en duro mármol vuelta y transformada,
hizo de sí la gente
no tan maravillada,
cuanto de aquella ingratitud vengada.

No quieras tú, señora,
de Némesis airada las saetas
probar, por Dios, agora;
baste que tus perfetas
obras y hermosura a los poetas

den inmortal materia,
sin que también en verso lamentable
celebren la miseria
d'algún caso notable
que por ti pase, triste, miserable.

El título de esta lira procede del nombre un barrio napolitano (Gnido), que el poeta conocía por haber residido en Nápoles durante varios años. El poema está dedicado a la dama Violante Sanseverino, que vivía en esa zona de la ciudad. El caballero Mario Galeota estaba enamorado de ella sin ser correspondido y Garcilaso intercede por él.

El yo lírico desearía que con la música de sus versos pudiera calmar las tempestades, conmover a los animales salvajes del bosque y a los propios árboles, de manera que todos siguieran el ritmo amable que les propone (vv. 1-10).

El poeta no cantaría sobre el fragor de las batallas (que personifica Marte, dios de la guerra), ni sobre los detalles más sangrientos de la lucha, ni tampoco sobre las guerras de los ejércitos españoles contra los alemanes y los franceses (vv. 11-20). Solo cantaría a la belleza de una dama, la flor del barrio de Gnido, aunque también constataría que, aun siendo muy hermosa, era áspera porque no prestaba atención al caballero que se había enamorado de ella. Este andaba sin ánimo ni fuerzas debido a que la doncella le ignoraba; se sentía profundamente triste y prisionero del amor, que simboliza la diosa Venus (vv. 11-35).

Por el desdén de la dama, el caballero no atiende a sus obligaciones como cortesano: no gobierna bien los caballos, no lucha, huye de cualquier enfrentamiento, solo practica la música para cantar sus penas de amor, no se relaciona con los amigos y evita la compañía o se desahoga con quien tiene más confianza. El dolor le ha hecho perder la razón y aborrece a sus amistades más próximas, incluso al mismo poeta (vv. 36-60).

La dama, de carne y hueso, no es insensible. Tiene tantas virtudes que la voz poética le aconseja que evite el defecto de despreciar a quien la ama. Para prevenirla debería servir el caso mitológico de Anajárete. Los dioses la convirtieron en mármol porque Ifis, su enamorado, se había quitado la vida ahorcándose al ver que ella no lo amaba. Aunque él se deshizo rápida y físicamente del despecho, Anajárete no tuvo tiempo para arrepentirse de su conducta y sufrió condena eterna transformada en piedra. Esta metamorfosis sorprendió a la gente, pero los impactó más la manera en que fue vengada la ingratitud de Anajárete (vv. 61-100).

Por eso, el yo lírico aconseja a la dama de Gnido que no irrite a los dioses. Le recomienda que solo dé motivos para que los poetas canten a sus virtudes y a su belleza. Sobre todo le pide que no provoque casos tristes, como el que ocurriría si no correspondiera a su enamorado (vv. 101-110).

2

FRAY LUIS DE LEÓN

ODA I
CANCIÓN DE LA VIDA SOLITARIA

¡Qué descansada vida
la del que huye el mundanal ruido
y sigue la escondida
senda, por donde han ido
los pocos sabios que en el mundo han sido;

que no le enturbia el pecho
de los soberbios grandes el estado,
ni del dorado techo
se admira, fabricado
del sabio Moro, en jaspes sustentado!

No cura si la fama
canta con voz su nombre pregonera,
ni cura ni encarama
la lengua lisonjera
lo que condena la verdad sincera.

¿Qué presta a mi contento,
si soy del vano dedo señalado;

si, en busca deste viento,
ando desalentado,
con ansias vivas, con mortal cuidado?

¡Oh monte, oh fuente, oh río!
¡Oh secreto seguro, deleitoso!,
roto casi el navío,
a vuestro almo reposo
huyo de aqueste mar tempestuoso.

Un no rompido sueño,
un día puro, alegre, libre quiero;
no quiero ver el ceño
vanamente severo
de a quien la sangre ensalza, o el dinero.

Despiértenme las aves
con su cantar sabroso no aprendido;
no los cuidados graves,
de que es siempre seguido
el que al ajeno arbitrio está atenido.

Vivir quiero conmigo;
gozar quiero del bien que debo al cielo,
a solas, sin testigo,
libre de amor, de celo,
de odio, de esperanzas, de recelo.

Del monte en la ladera,
por mi mano plantado, tengo un huerto,
que con la primavera,
de bella flor cubierto,
ya muestra en esperanza el fruto cierto;

y, como codiciosa
por ver y acrecentar su hermosura,
desde la cumbre airosa
una fontana pura
hasta llegar corriendo se apresura;

y, luego sosegada,
el paso entre los árboles torciendo,
el suelo, de pasada,
de verdura vistiendo
y con diversas flores va esparciendo.

El aire el huerto orea
y ofrece mil olores al sentido;
los árboles menea
con un manso ruido,
que del oro y del cetro pone olvido.

Ténganse su tesoro
los que de un falso leño se confían;
no es mío ver el lloro
de los que desconfían,
cuando el cierzo y el ábrego porfían.

La combatida antena
cruje, y en ciega noche el claro día
se torna; al cielo suena
confusa vocería,
y la mar enriquecen a porfía.

A mí una pobrecilla
mesa, de amable paz bien abastada,
me baste; y la vajilla,
de fino oro labrada,
sea de quien la mar no tiene airada.

Y mientras miserable-
mente se están los otros abrasando
con sed insaciable
del peligroso mando,
tendido yo a la sombra esté cantando;

a la sombra tendido,
de hiedra y lauro eterno coronado,
puesto el atento oído
al son dulce, acordado,
del plectro sabiamente meneado.

En esta oda, que recrea el tópico del *Beatus ille*, el yo lírico expresa el bienestar que acompaña la vida de las personas que optan por la sencillez y por la tranquilidad del campo frente al bullicio urbano. Los sabios suelen preferir este tipo de retiro para llevar a cabo sus estudios (vv. 1-5) y no muestran interés por el poder ni por las riquezas, aunque sean impresionantes (vv. 6-10). Tampoco les preocupa la fama, ni las falsedades que pregonan los aduladores (vv. 11-15). A la voz poética poco le importan las alabanzas; el desaliento que produce conseguirlas es un esfuerzo que no merece la pena, ya que no aportan nada realmente valioso (vv. 16-20).

Ensalza el paraje natural, tranquilo y apartado, donde anhela dirigirse para resguardarse de las complicaciones y de los vanidosos (vv. 21-30). Prefiere que le despierte el canto amable de las aves y no la incertidumbre por el qué dirán o por las habladurías (vv. 31-35).

El yo lírico desea encontrarse en paz consigo mismo, disfrutar de una felicidad equilibrada, solo, sin grandes emociones que lo desestabilicen (vv. 36-40). Ese es el ideal de la vida ascética virtuosa. En dicho paraje, el poeta plantó un hermoso huerto que florece con el buen tiempo y anuncia la fruta que producirá (vv. 41-45).

Hasta allí se acerca una fontana, que llega corriendo desde lo alto de la montaña para ver la belleza del huerto (vv. 46-50). El agua, en su camino, alimenta el verdor del campo y de las flores (vv. 51-55). La brisa esparce los olores de las flores y su rumor mueve las ramas de los árboles. Este sonido hace que el poeta olvide las murmuraciones urbanas de aquellos que se preocupan por el dinero y el poder (vv. 56-60).

Advierte sobre las personas que confían su vida a un barco poco seguro para navegarla, es decir, aquellos que no tienen en cuenta valores fundamentales y que se lamentan cuando el viento no sopla a su favor o las cosas les van mal (vv. 61-65). Entonces cae el palo mayor de la nave y piden ayuda al cielo para no naufragar (vv. 66-70).

Al poeta le basta con un espacio sencillo y tranquilo, no anhela lujos ni riquezas (vv. 71-75). Desearía liberarse de preocupaciones mientras otros se dejan corromper por la ambición. Bajo la sombra de los árboles y de la hiedra prefiere cantar a la poesía y escuchar la música de las esferas, es decir, la melodía procedente de la armonía universal divina (vv. 76-85).

ODA XI

AL LICENCIADO JUAN DE GRIAL

Recoge ya en el seno
el campo su hermosura; el cielo aoja
con luz triste el ameno

verdor, y hoja a hoja
las cimas de los árboles despoja.
Ya Febo inclina el paso
al resplandor egeo; ya del día
las horas corta escaso;
ya Éolo al mediodía
soplando espesas nubes nos envía;
ya el ave vengadora
del Íbico navega los nublados
y con voz ronca llora,
y, el yugo al cuello atados,
los bueyes van rompiendo los sembrados.
El tiempo nos convida
a los estudios nobles, y la fama,
Grial, a la subida
del sacro monte llama,
do no podrá subir la postrer llama.
Alarga el bien guiado
paso y la cuesta vence y solo gana
la cumbre del collado
y do más pura mana
la fuente, satisfaz tu ardiente gana;
no cures si el perdido
error admira el oro y va sediento
en pos de un bien fingido,
que no así vuela el viento,
cuanto es fugaz y vano aquel contento.
Escribe lo que Febo
te dicta favorable, que lo antigo
iguala y pasa el nuevo
estilo; y, caro amigo,
no esperes que podrá atener contigo;
que yo, de un torbellino
traidor acometido y derrocado

del medio del camino
al hondo, el plectro amado
y del vuelo las alas he quebrado.

La voz poética comienza la oda *Al licenciado Juan de Grial* describiendo los cambios del paisaje cuando llega el otoño. La vegetación verde y frondosa del verano cede ante los ocres de la nueva estación. La luz solar es más débil y caen las hojas de los árboles (vv. 1-5). El sol (o dios mitológico Febo) toma la trayectoria invernal para entrar en la constelación del signo Capricornio, también llamada Egeo. Los días se acortan y el viento (Éolo en la mitología clásica) los nubla (vv. 6-10). La grulla —ave que descubrió y denunció el asesinato del poeta Íbico en los relatos mitológicos— vuela entre las nubes, emigra a parajes más cálidos y emite sonidos que se asemejan al llanto humano. Los bueyes aran los sembrados con el yugo al cuello (vv. 11-15).

El tiempo otoñal convida a la reflexión, al recogimiento y al estudio de las letras. El poeta exhorta a su amigo Juan de Grial y le recuerda que la fama los invita a subir al Parnaso (montaña mitológica consagrada a los poetas), a escribir versos. Allí la eternidad está reservada para los mejores y no alcanza la llama postrera (la de la muerte o la de la poesía sensual), pues no llega tan alto (vv. 16-20). Por eso le anima a seguir escribiendo, es decir, a continuar el ascenso al Parnaso y, cuando llegue a su cumbre, a beber de la fuente de las musas (Castalia) para calmar la sed del anhelo poético (vv. 21-25). Le sugiere no prestar atención a las veleidades del mundo artístico, ni a las riquezas terrenales, ya que son reconocimientos fugaces (vv. 26-30).

El yo lírico recuerda a Juan de Grial que escriba lo que Febo, el sol, le dicte, porque es el inspirador máximo de la poesía. Asimismo le recomienda el estilo de los clásicos grecolatinos, que considera mejor que el nuevo. Sin embargo, lamenta no poder acompañar a su amigo (vv. 31-35). Está atravesando circunstancias complicadas por las que ya no escribe. No usa el plectro o púa con que se tocan algunos instrumentos de música y, por tanto, no cultiva la poesía, aquí entendida metafóricamente como instrumento musical. El poeta ha abandonado el vuelo de la inspiración (vv. 36-40).

ODA XIII
DE LA VIDA DEL CIELO

Alma región luciente,
prado de bienandanza, que ni al hielo
ni con el rayo ardiente
fallece, fértil suelo,
producidor eterno de consuelo;
de púrpura y de nieve
florida, la cabeza coronado,
a dulces pastos mueve,
sin honda ni cayado,
el buen Pastor en ti su hato amado;
él va y en pos dichosas
le siguen sus ovejas, do las pace
con inmortales rosas,
con flor que siempre nace
y cuanto más se goza más renace;
y dentro a la montaña
del alto bien las guía; ya en la vena

del gozo fiel las baña
y les da mesa llena,
pastor y pasto él solo, y suerte buena.
Y de su esfera cuando
la cumbre toca, altísimo subido,
el sol, él sesteando,
de su hato ceñido,
con dulce son deleita el santo oído;
toca el rabel sonoro,
y el inmortal dulzor al alma pasa,
con que envilece el oro
y ardiendo se traspasa
y lanza en aquel bien libre de tasa.
¡Oh son!, ¡oh voz!, ¡siquiera
pequeña parte alguna decendiese
en mi sentido, y fuera
de sí el alma pusiese
y toda en ti, oh Amor, la convirtiese!;
conocería dónde
sesteas, dulce Esposo, y desatada
desta prisión adonde
padece, a tu manada
viviera junta, sin vagar errada.

En esta oda el poeta describe la vida del cielo, paraje ideal al que no afectan los extremos del frío ni del calor, cuya tierra siempre es fértil y consuela a quienes la habitan (vv. 1-5). Allí el Buen Pastor, Cristo, coronado de flores, orienta su rebaño a pastos abundantes y dulces. No necesita usar honda ni cayado, pues las ovejas le siguen guiadas por el amor (vv. 6-10). Cristo las cuida, ellas le acompañan y se alimentan de rosas (vv. 11-15). Él las lleva a los mejores parajes, las lava, las alimenta, se transforma en el mismo pasto que come el rebaño. Les da todo lo que necesitan (vv. 16-20).

Cuando llegan a la cumbre de la montaña y el sol está en el punto más alto, Cristo y su grey descansan. El Buen Pastor toca el rabel y la música agrada a Dios (vv. 21-25). El alma humana se eleva al cielo mientras oye la música y renuncia a las riquezas terrenales en favor de la divinidad (vv. 26-30).

El yo lírico invoca a la música y a la palabra. Le gustaría escuchar la melodía celestial para que su alma también se elevara y conociera el éxtasis divino (vv. 31-35). Desearía que su alma subiera al cielo, conocer al Esposo o Buen Pastor, desligarse de la cárcel del cuerpo, dejar de deambular en soledad y unirse al rebaño de Cristo (vv. 36-40).

3

SAN JUAN DE LA CRUZ

NOCHE OSCURA

CANCIONES DEL ALMA QUE SE GOZA DE HABER LLEGADO AL ALTO ESTADO DE LA PERFECCIÓN, QUE ES LA UNIÓN CON DIOS, POR EL CAMINO DE LA NEGACIÓN ESPIRITUAL

En una noche escura,
con ansias, en amores inflamada,
¡oh dichosa ventura!,
salí sin ser notada,
estando ya mi casa sosegada.

A escuras y segura
por la secreta escala, disfrazada,
¡oh dichosa ventura!,
a escuras y encelada,
estando ya mi casa sosegada.

En la noche dichosa,
en secreto, que nadie me veía
ni yo miraba cosa,
sin otra luz y guía
sino la que en el corazón ardía.

Aquésta me guiaba
más cierto que la luz del mediodía
adonde me esperaba
quien yo bien me sabía,
en parte donde nadie parecía.

¡Oh noche que guiaste!,
¡oh noche, amable más que el alborada!,
¡oh noche que juntaste
Amado con amada,
amada en el Amado transformada!

En mi pecho florido,
que entero para él solo se guardaba,
allí quedó dormido,
y yo le regalaba,
y el ventalle de cedros aire daba.

El aire de la almena,
cuando yo sus cabellos esparcía,
con su mano serena
en mi cuello hería,
y todos mis sentidos suspendía.

Quedéme y olvidéme,
el rostro recliné sobre el Amado;
cesó todo y dejéme,
dejando mi cuidado
entre las azucenas olvidado.

La voz poética, que se corresponde con la del alma, explica en una serie de liras cómo una noche salió del cuerpo para encontrarse con Dios. Cuando todo estaba tranquilo, huyó sigilosamente (vv. 1-5). Aunque no había luz y se marchaba a escondidas, el alma se sentía segura buscando al Amado (vv. 6-10).

Era una situación dichosa porque iba a reunirse con él y solo prestaba atención a la llama de amor que ardía en su corazón, que iluminaba sus pasos hacia el Amado (vv. 11-15). La intensidad de su luz la guiaba en medio de la oscuridad hacia el lugar apartado donde él la esperaba (vv. 16-20).

El yo lírico describe aquella noche como un momento amable porque propició el éxtasis místico: el alma se entrega al Amado y ambos se transforman en un solo ser (vv. 21-25). El paraje del encuentro es acogedor, silencioso y una brisa envuelve a los amantes. Mientras el Amado duerme sobre el pecho del alma, ella, aún despierta, acaba por sucumbir al amor, suspende sus sentidos y se olvida de las preocupaciones terrenales (vv. 26-40).

LLAMA DE AMOR VIVA
CANCIONES DEL ALMA EN LA ÍNTIMA COMUNICACIÓN DE UNIÓN DE AMOR DE DIOS

¡Oh llama de amor viva,
que tiernamente hieres
de mi alma en el más profundo centro!;
pues ya no eres esquiva,
acaba ya, si quieres,
rompe la tela deste dulce encuentro.

¡Oh cauterio suave!,
¡oh regalada llaga!,

¡oh mano blanda!, ¡oh toque delicado!,
que a vida eterna sabe
y toda deuda paga;
matando, muerte en vida la has trocado.

¡Oh lámparas de fuego,
en cuyos resplandores
las profundas cavernas del sentido,
que estaba oscuro y ciego,
con estraños primores
calor y luz dan junto a su querido!

¡Cuán manso y amoroso
recuerdas en mi seno,
donde secretamente solo moras!;
y en tu aspirar sabroso
de bien y gloria lleno,
¡cuán delicadamente me enamoras!

El yo poético, es decir, el alma enamorada de Dios, explica sus cuitas en tono introspectivo. Siente la pasión como un fuego que arde en lo más hondo de su ser y la hiere. Describe el doloroso proceso mediante el que se desprende del cuerpo y tiene lugar la muerte física para trascender a la vida del espíritu (vv. 1-12).

La luz que genera la llama de amor guía al alma mística a través de la oscuridad y de las limitaciones sensoriales hasta que halla al Amado, que la ilumina (vv. 13-18). El encuentro de los amantes, Dios y el alma, es causa de plenitud y de gloria (vv. 19-24).

OTRAS DEL MISMO A LO DIVINO

Tras de un amoroso lance,
y no de esperanza falto,
volé tan alto, tan alto,
que le di a la caza alcance.

Para que yo alcance diese
a aqueste lance divino,
tanto volar me convino,
que de vista me perdiese;
y con todo, en este trance,
en el vuelo quedé falto;
mas el amor fue tan alto,
que le di a la caza alcance.

Cuando más alto subía
deslumbróseme la vista,
y la más fuerte conquista
en escuro se hacía;
mas, por ser de amor el lance,
di un ciego y oscuro salto,
y fui tan alto, tan alto,
que le di a la caza alcance.

Cuanto más alto llegaba,
de este lance tan subido,
tanto más bajo y rendido
y abatido me hallaba;
dije: No habrá quien alcance;
y abatíme tanto, tanto,
que fui tan alto, tan alto,
que le di a la caza alcance.

Por una estraña manera
mil vuelos pasé de un vuelo,
porque esperanza de cielo
tanto alcanza cuanto espera;
esperé solo este lance
y en esperar no fui falto,
pues fui tan alto, tan alto,
que le di a la caza alcance.

Glosa a lo divino de una copla popular. El poeta traslada un tema profano de la poesía amorosa —la caza de cetrería— al contexto religioso. Nuevamente el alma, en su afán de unirse con Dios, vuela hacia el cielo como un ave rapaz que persigue a su presa celestial. Se eleva a gran altura y, como su amor es tan grande, vuela muy alto y la alcanza (vv. 1-12).

En su camino hacia la divinidad, el sol deslumbra al alma que, a ciegas, confía en sus sentimientos para lograr lo que se propone (vv. 13-20). Aunque sufre por el cansancio, no cede en su empeño (vv. 21-28). De esta manera todos los intentos y esperanzas del alma son colmados porque finalmente llega al cielo y consigue su objetivo divino (vv. 29-36).

4

LUIS DE GÓNGORA

La más bella niña
de nuestro lugar,
hoy viuda y sola,
ayer por casar,
viendo que sus ojos
a la guerra van,
a su madre dice,
que escucha su mal:
dejadme llorar
orillas del mar.

Pues me distes, madre,
en tan tierna edad
tan corto el placer,
tan largo el pesar,
y me cautivastes
de quien hoy se va
y lleva las llaves
de mi libertad:
dejadme llorar
orillas del mar.

En llorar conviertan
mis ojos, de hoy más,
el sabroso oficio
del dulce mirar,
pues que no se pueden
mejor ocupar,
yéndose a la guerra
quien era mi paz:
dejadme llorar
orillas del mar.

No me pongáis freno
ni queráis culpar;
que lo uno es justo,
lo otro por demás.
Si me queréis bien
no me hagáis mal;
harto peor fuera
morir y callar:
dejadme llorar
orillas del mar.

Dulce madre mía,
¿quién no llorará
aunque tenga el pecho
como un pedernal,
y no dará voces
viendo marchitar
los más verdes años
de mi mocedad?
Dejadme llorar
orillas del mar.

Váyanse las noches,
pues ido se han
los ojos que hacían
los míos velar:
váyanse y no vean
tanta soledad,
después que en mi lecho
sobra la mitad:
dejadme llorar
orillas del mar.

En este romancillo, el yo lírico cuenta la historia de una triste joven que se desahoga con su madre a quien pide la deje llorar a orillas del mar. Es la doncella más hermosa del lugar, pero ha perdido a su pareja, que se ha marchado a la guerra. Por esta razón ella se lamenta amargamente (vv. 1-10).

A continuación cambia el punto de vista de la voz poética, que es la de la muchacha expresando pesar, pues su madre la empujó a casarse muy joven. Dadas las circunstancias actuales, el enlace ha sido por poco tiempo. Al irse su marido ella pierde el amor y su propia libertad. La joven está convencida de que la pesadumbre será grande y larga, ya que no sabe si él volverá (vv. 11-20).

Desea que sus ojos dejen de mirar como corresponde a la facultad visual y que lloren constantemente. Ha perdido la paz (su esposo) al quedarse sola (vv. 21-30). Pide a la madre que le permita llorar y que no la culpe, puesto que no dar rienda suelta a la pena sería peor (vv. 31-40). Como pierde a su enamorado en los mejores años de la juventud, se pregunta qué otra cosa más que llorar podría hacer en un momento así (vv. 41-50).

La joven prefiere olvidar la imagen del lecho medio vacío, que ahora le sobra. Antes, por la noche, velaba junto a su marido; ahora, en la actual soledad, prefiere que no haya noches y llorar junto al mar (vv. 51-60).

Ándeme yo caliente
y ríase la gente.

1

Traten otros del gobierno
del mundo y sus monarquías,
mientras gobiernan mis días
mantequillas y pan tierno,
y las mañanas de invierno
naranjada y agua ardiente,
y ríase la gente.

2

Coma en dorada vajilla
el príncipe mil cuidados,
como píldoras dorados;
que yo en mi pobre mesilla
quiero más una morcilla
que en el asador reviente,
y ríase la gente.

3

Cuando cubra las montañas
de blanca nieve el enero,
tenga yo lleno el brasero

de bellotas y castañas,
y quien las dulces patrañas
del Rey que rabió me cuente,
y ríase la gente.

4

Busque muy en hora buena
el mercader nuevos soles;
yo conchas y caracoles
entre la menuda arena,
escuchando a Filomena
sobre el chopo de la fuente,
y ríase la gente.

5

Pase a media noche el mar
y arda en amorosa llama
Leandro por ver su dama;
que yo más quiero pasar
del golfo de mi lagar
la blanca o roja corriente,
y ríase la gente.

6

Pues Amor es tan crüel,
que de Píramo y su amada
hace tálamo una espada
do se junten ella y él,
sea mi Tisbe un pastel,
y la espada sea mi diente,
y ríase la gente.

Letrilla que se desarrolla a partir de una expresión popular (*Ándeme yo caliente / y ríase la gente*) que da a entender que, cuando uno está bien consigo mismo, no importa lo que otros digan o si se ríen (vv. 1-2). Se trata de una versión satírica de los tópicos *beatus ille* y *aurea mediocritas*, pues el poema plantea temas serios desde una perspectiva burlesca.

El yo lírico prefiere la vida sencilla antes que las preocupaciones de quienes reinan y gobiernan. Siempre que pueda tomar pan, mantequilla y, en las mañanas de invierno, mermelada de naranja y aguardiente, estará contento (vv. 3-9).

También se conforma con una suculenta morcilla en una mesa humilde, en lugar de sufrir las cavilaciones de un príncipe al que sirven en vajillas lujosas y doran la píldora ocultándole las complicaciones (vv. 10-16).

La voz poética se sentirá confortada si, cuando nieve en el mes de enero, está a resguardo y caliente en casa mientras alguien le cuenta cuentos de otras épocas (vv. 17-23).

El día que los comerciantes marchen a buscar nuevos lugares para vender su género, el yo lírico escarbará entre la arena tranquilamente y encontrará conchas y caracoles. En este paraje escuchará el canto agradable del ruiseñor —en los relatos mitológicos es el ave identificada con Filomena, a quien los dioses transformaron en dicho pájaro—, posado en un árbol cerca de una fuente (vv. 24-30).

Si Leandro, otro personaje de la mitología clásica, atravesaba a nado cada noche un golfo de mar para encontrarse con Hero, su enamorada, la voz poética solo necesita pasar por su bodega y beber un vino blanco o tinto para ser feliz (vv. 31-37).

Como el dios del amor es cruel, ya que a la pareja mitológica de Píramo y Tisbe le reservó un final amargo —ambos murieron atravesados por la misma espada—, el poeta se sentirá satisfecho solo con que su diente sea arma para hincarla en un buen pastel (vv. 38-44).

Amarrado al duro banco
de una galera turquesa,
ambas manos en el remo
y ambos ojos en la tierra,
un forzado de Dragut
en la playa de Marbella
se quejaba al ronco son
del remo y de la cadena:
«¡Oh sagrado mar de España,
famosa playa serena,
teatro donde se han hecho
cien mil navales tragedias!,
pues eres tú el mismo mar
que con tus crecientes besas
las murallas de mi patria,
coronadas y soberbias,
tráeme nuevas de mi esposa,
y dime si han sido ciertas
las lágrimas y suspiros
que me dice por sus letras,
porque si es verdad que llora
mi cautiverio en tu arena,
bien puedes al mar del Sur
vencer en lucientes perlas.
Dame ya, sagrado mar,
a mis demandas respuesta,
que bien puedes, si es verdad

que las aguas tienen lengua,
pero, pues no me respondes,
sin duda alguna que es muerta,
aunque no lo debe ser,
pues que vivo yo en su ausencia.
¡Pues he vivido diez años
sin libertad y sin ella,
siempre al remo condenado
a nadie matarán penas!»
En esto se descubrieron
de la Religión seis velas,
y el cómitre mandó usar
al forzado de su fuerza.

Romance del género de cautivos en el que un español capturado por los turcos rema en una galera y recuerda su patria (vv. 1-5). Cuando el barco en el que va prisionero, capitaneado por el pirata Dragut, recala cerca de la costa de Marbella, lamenta su cautiverio. Invoca al mar, escenario de tantas batallas navales, y le pide noticias de su mujer (vv. 6-17).

El yo lírico explica que ha recibido cartas de su esposa, donde le confiesa el gran sufrimiento que le causa la ausencia del marido y todas las lágrimas derramadas por esta razón. Para la voz poética, cada lágrima es como una perla y, si lo que dicen las cartas es cierto, el cautivo se imagina el Mediterráneo con más perlas que el mar del Sur —océano Pacífico— por lo mucho que ha llorado su mujer (vv. 18-24).

Como las aguas no le responden, aunque tienen lengua —la que cubre la orilla con olas—, el cautivo piensa que su esposa ha muerto. Sin embargo no cree esta hipótesis completamente porque él sigue vivo. Si ella faltara, piensa que él también habría fallecido de pena, ya que el amor que comparten es tan grande que los ha convertido en un solo ser, de manera que lo que le ocurre al uno le sucede al otro (vv. 25-32).

Como ha sobrevivido diez años lejos de ella y aún vive, siente que la tristeza no podrá con ambos (vv. 33-36). Entonces se divisan seis embarcaciones cristianas en el horizonte y quien gobierna a los remeros impreca al cautivo para que atienda a su trabajo (vv. 37-40). El desenlace del romance queda en suspenso.

SOLEDADES

Era del año la estación florida
en que el mentido robador de Europa,
media luna las armas de su frente,
y el Sol todo los rayos de su pelo,
luciente honor del cielo,
en campos de zafiro pace estrellas,
cuando el que ministrar podía la copa
a Júpiter mejor que el garzón de Ida,
náufrago y desdeñado sobre ausente,
lagrimosas de amor dulces querellas
da al mar; que condolido,
fue a las ondas, fue al viento
el mísero gemido,
segundo de Arïón dulce instrumento.
Del siempre en la montaña opuesto pino
al enemigo Noto,
piadoso miembro roto,
breve tabla, delfín no fue pequeño

al inconsiderado peregrino
que a una Libia de ondas su camino
fió, y su vida a un leño.
Del Océano, pues, antes sorbido,
y luego vomitado
no lejos de un escollo coronado
de secos juncos, de calientes plumas,
alga todo y espumas,
halló hospitalidad donde halló nido
de Júpiter el ave.
Besa la arena, y de la rota nave
aquella parte poca
que lo expuso en la playa dio a la roca,
que aun se dejan las peñas
lisonjear de agradecidas señas.
Desnudo el joven, cuanto ya el vestido
Océano ha bebido,
restituir le hace las arenas,
y al sol lo extiende luego,
que, lamiéndolo apenas
su dulce lengua de templado fuego,
lento lo embiste, y con süave estilo
la menor onda chupa al menor hilo.

No bien, pues, de su luz los horizontes
que hacían desigual, confusamente,
montes de agua y piélagos de montes,
desdorados los siente,
cuando, entregado el mísero extranjero
en lo que ya del mar redimió fiero,
entre espinas crepúsculos pisando,
riscos que aun igualara mal, volando,
veloz, intrépida ala,
menos cansado que confuso, escala.

Vencida al fin la cumbre,
del mar siempre sonante,
de la muda campaña
árbitro igual e inexpugnable muro,
con pie ya más seguro
declina al vacilante
breve esplendor de mal distinta lumbre:
farol de una cabaña
que sobre el ferro está en aquel incierto
golfo de sombras anunciando el puerto.

En primavera el sol entra en la constelación de Tauro, cuyas estrellas forman la silueta de un toro. En el cielo azul y estrellado como un campo de zafiros pasta, metafóricamente, este mamífero celestial. Sus armas son los cuernos que tiene en la frente, semejantes al perfil de la media luna. Además honra al cielo porque el reflejo del sol brilla tanto en su pelaje que parece un astro. Sin embargo, la voz poética se refiere también al animal como un ladrón farsante («mentido robador»), ya que recuerda el mito de Europa: el dios Júpiter se metamorfoseó en toro para secuestrar a la joven y gozar después de sus favores amorosos (vv. 1-6).

Fue entonces cuando naufragó un barco en el que viajaba un peregrino que había sido rechazado por la mujer que amaba. El joven era más hermoso que Ganímedes. La belleza de este se consideraba providencial pues, según la mitología, el águila de Júpiter había viajado a Ida, la isla donde vivía el chico, para raptarlo y llevárselo al Olimpo. Allí trabajaría como copero de los dioses, es decir, sirviéndoles la bebida (vv. 7-9).

Mientras el barco se hundía, el peregrino lamentaba

su situación amorosa y, a la vez, pedía auxilio. El mar y el viento lo escucharon, se apiadaron de él y aplacaron la fuerza de los elementos. Las quejas («querellas dulces») del peregrino enamorado y despechado eran comparables al canto de Arión. Este personaje mitológico viajaba en un barco cargado de riquezas que fue asaltado por ladrones. Arión tocó una melodía con su cítara cuando los salteadores se disponían a matarlo. Al escuchar la música, un grupo de delfines acudió para socorrerle y este huyó a lomos de uno de ellos (vv. 10-14).

Una tablilla del barco se apiadó del náufrago, se le acercó para que la agarrara y se mantuviera a flote. El leño procedía de la madera de un pino fuerte que, cuando se erguía como árbol en la montaña, hacía frente al terrible viento del Sur (Noto). El madero fue para el joven igual que un delfín salvador. El yo lírico considera osado al peregrino por haber confiado su vida a un barco y por haber encomendado su trayecto al mar y a las olas, tan vastas como las dunas del desierto de Libia (vv. 15-21).

Entonces el náufrago, que primero había sido tragado por el océano y luego expulsado de sus aguas, consiguió llegar a la orilla cubierto de algas y de sal. La playa se encontraba cerca de un monte en cuya cima había un nido de águila —especie consagrada a Júpiter—, hecho con juncos secos y lleno de plumas calientes, ya que el ave vivía allí. En aquel terreno el joven encuentra un lugar de acogida. Por eso, agradecido, besa la tierra y ofrece la tablilla salvadora a las rocas de la montaña, que se deleitan con la ofrenda (vv. 22-33).

El peregrino se desnuda, escurre el agua de la ropa sobre la arena y pone las prendas a secar al sol. El calor evapora la humedad incluso del hilo más pequeño. La voz poética equipara la acción del sol con la de un toro, pues embiste la ropa con sus rayos y la lame con lengua de fuego (vv. 34-41). A continuación atardece y la falta de luz confunde los límites del mar con los de la montaña, y viceversa, porque el mar continúa agitado con mucho oleaje. El joven ya está vestido («entregado en lo que ya del mar redimió»), escala la montaña mientras se hace de noche y pisa plantas espinosas en su ruta. Aunque se siente más aturdido que cansado, sube tan alto que ni un ave intrépida podría igualarle sin esforzarse mucho (vv. 42-51).

Al llegar a la cumbre del monte, que es como un muro muy sólido que separa el mar tempestuoso del campo tranquilo, el peregrino camina con más seguridad. Baja al valle desde la otra cara de la montaña guiándose por una luz débil que ve en la distancia: es el farol de una casa rústica. El yo lírico presenta la lámpara como si fuera una embarcación anclada en un mar de sombras. Esta anuncia el puerto donde recalar, es decir, la cabaña donde se resguardaría el joven (vv. 52-61).

DE UNA DAMA QUE, QUITÁNDOSE UNA SORTIJA, SE PICÓ CON UN ALFILER

Prisión del nácar era articulado
de mi firmeza un émulo luciente,
un dïamante, ingenïosamente
en oro también él aprisionado.

Clori, pues, que su dedo apremïado
de metal aun precioso no consiente,

gallarda un día, sobre impacïente,
le redimió del vínculo dorado.

Mas ay, que insidïoso latón breve
en los cristales de su bella mano
sacrílego divina sangre bebe:

púrpura ilustró menos indïano
marfil; invidïosa, sobre nieve
claveles deshojó la Aurora en vano.

El soneto expone el caso de una dama que lleva un anillo y se pincha. Su dedo es tan blanco que parece nácar articulado. El anillo, con un diamante, está encastado en el dedo tan firmemente que la voz poética compara dicha solidez con la de su fiel amor por la dama, ya que la piedra preciosa lo emula a él en la firmeza. El diamante está aprisionado en la montura de oro de la misma manera que el poeta es prisionero del amor por la dama, representada aquí por su cabello dorado (vv. 1-4).

Clori, que así se llama ella, siente un día con molestia la gran presión de la sortija en el dedo. Aun siendo un anillo fabricado con un metal precioso, se lo quita (vv. 5-8). Sin embargo, al sacarlo del dedo, Clori se pincha con un molesto alfiler, o «latón breve», y se hace sangre. Su mano es bella y fina como el cristal de una copa, de ahí que el poeta personifique al alfiler bebiendo. Además el alfiler comete un acto sacrílego porque la sangre de la dama, a quien diviniza la voz poética, es sagrada (vv. 9-11).

El contraste del rojo y el blanco es más bello incluso

que el del color púrpura sobre el preciado marfil indiano. Asimismo la diosa Aurora, enterada de lo que había ocurrido, deshojó claveles rojos sobre la nieve para imitar el bello contraste de colores. Esta mezcla no era tan hermosa como el efecto de la sangre sobre la mano blanca y la diosa sentía envidia de Clori (vv. 12-14).

5

LOPE DE VEGA

«Mira, Zaide, que te aviso
que no pases por mi calle
ni hables con mis mujeres,
ni con mis cautivos trates,
»ni que preguntes en qué entiendo
ni quién viene a visitarme,
qué fiestas me dan contento
o qué colores me aplacen;
»basta que son por tu causa
las que en el rostro me salen,
corrida de haber mirado
moro que tan poco sabe.
»Confieso que eres valiente,
que hiendes, rajas y partes
y que has muerto más cristianos
que tienes gotas de sangre;
»que eres gallardo jinete,
que danzas, cantas y tañes,
gentil hombre, bien criado
cuanto puede imaginarse;
»blanco, rubio por extremo,
señalado por linaje,
el gallo de las bravatas,

la nata de los donaires,
»y pierdo mucho en perderte
y gano mucho en amarte,
que si nacieras mudo,
fuera posible adorarte;
»y por este inconviniente
determino de dejarte,
que eres pródigo de lengua
y amargan tus libertades,
»y habrá menester ponerte
quien quisiere sustentarte
un alcázar en el pecho
y en los labios un alcaide.
»Mucho pueden con las damas
los galanes de tus partes,
porque los quieren briosos,
que rompan y que desgarren;
»mas tras esto, Zaide amigo,
si algún convite te hacen
el plato de sus favores
quieren que comas y calles.
»Costoso fue el que te hice;
venturoso fueras, Zaide,
si conservarme supieras
como supiste obligarme.
»Apenas fuiste salido
de los jardines de Tarfe
cuando heciste de la tuya
y de mi desdicha alarde.
»A un morito mal nacido
me dicen que le enseñaste
la trenza de los cabellos
que te puse en el turbante.
»No quiero que me la vuelvas

ni quiero que me la guardes,
mas quiero que entiendas, moro,
que en mi desgracia la traes.
»También me certificaron
cómo le desafiaste
por las verdades que dijo,
que nunca fueran verdades.
»De mala gana me río;
¡qué donoso disparate!
No guardas tú tu secreto
¿y quieres que otri le guarde?
»No quiero admitir disculpa;
otra vez vuelvo a avisarte
que esta será la postrera
que me hables y te hable.»
Dijo la discreta Zaida
a un altivo bencerraje
y al despedirle repite:
«Quien tal hace, que tal pague».

La protagonista, y yo lírico, de este romance morisco es Zaida, una joven mora que se enoja con Zaide, su galán. No quiere saber más de él. Le pide que deje de pasar por su calle, que no hable con sus sirvientas ni con los cautivos cristianos que tiene. Tampoco quiere que pregunte por lo que ella hace, quién la visita, a qué fiestas va ni los colores que le gustan. Para colores, ya tiene bastante con los que le salen en las mejillas cuando se sonroja últimamente por culpa de lo que ha hecho Zaide. Se avergüenza de haberse fijado en un hombre tan torpe (vv. 1-12).

Aunque reconoce la valentía del galán para luchar —ha matado a muchos cristianos batallando, más incluso que gotas de sangre hay en su cuerpo—, su habilidad como jinete, su pericia para el baile, el canto y la música, su excepcional belleza, su arrojo y otras magníficas virtudes; aunque perderlo será un quebranto y amarlo ha sido una bendición, solo lo adoraría completamente si fuera mudo, es decir, discreto. Por este motivo, Zaida deja la relación, pues Zaide es un charlatán y eso lo estropea todo, ya que debía haber mantenido en secreto su amor (vv. 13-32).

Así augura que la próxima mujer que lo quiera deberá construir en el pecho del caballero una muralla y situar un vigilante en sus labios para que este no airee en público las intimidades de la pareja. Otras se enamorarán de un hombre con las cualidades de Zaide, y de su ímpetu, pero ella le advierte que, si alguna lo invitara a disfrutar del goce amoroso, no debe proclamar a los cuatro vientos los placeres que reciba. A Zaida le ha salido caro, pues su relación con Zaide se ha hecho pública (vv. 33-44).

La dama desearía que el galán la hubiera cuidado discretamente y tan bien como supo conquistarla. Sin embargo, una noche que pasaron juntos, apenas Zaide salió de Tarfe, la localidad granadina donde vivía Zaida, le enseñó a otro hombre la trenza que ella le regaló como prenda de amor. Por eso no hace falta que se la devuelva ni que intente reparar el daño hecho, ya que la trenza ha sido la causa de su desgracia (vv. 45-60).

La joven también sabe que Zaide amenazó al charlatán que difundió la noticia. Se arrepiente de sus amores y desearía que no hubieran ocurrido nunca. Reprocha la actitud del galán que disparatadamente ha exigido a un extraño guardar el secreto que él no fue capaz de mantener. Por último, Zaida declara no poder aceptar las disculpas del caballero. Lo avisa de nuevo: no volverán a hablarse más. Ella fue discreta, pero Zaide, presuntuoso, por lo que espera que este reciba un escarmiento (vv. 61-76).

Ir y quedarse, y con quedar partirse,
partir sin alma, y ir con alma ajena,
oír la dulce voz de una sirena
y no poder del árbol desasirse;

arder como la vela y consumirse
haciendo torres sobre tierna arena;
caer de un cielo, y ser demonio en pena,
y de serlo jamás arrepentirse;

hablar entre las mudas soledades,
pedir prestada, sobre fe, paciencia,
y lo que es temporal llamar eterno;

creer sospechas y negar verdades,
es lo que llaman en el mundo ausencia,
fuego en el alma y en la vida infierno.

Soneto en que la voz poética describe los efectos del amor a través de paradojas y contradicciones procedentes del repertorio literario cancioneril y petrarquista.

Cuando el yo lírico debe partir del lado de su amada, siente que solo se marcha físicamente porque sigue junto a ella en una dimensión espiritual. De la misma manera, si la dama se ausenta y él permanece en el lugar del encuentro, la acompaña también, ya que su alma vive dentro de la de ella (vv. 1-2).

Para el poeta, amar es comparable a escuchar el canto suave de una sirena sin poder acercarse a ella para disfrutarlo, puesto que se encuentra atado a un árbol de forma semejante a Ulises en la *Odisea* —este personaje mitológico pidió que lo ataran al palo mayor del barco en que viajaba por no sucumbir a los cantos de las sirenas, que atraían a los navegantes para luego matarlos— (vv. 3-4).

La voz poética manifiesta que su amor es una pasión que arde y se consume como una vela de cera; esto ocurre mientras se ilusiona en vano («haciendo torres sobre tierna arena»). Sin embargo, al esfumarse la esperanza de ser correspondido, experimenta sensaciones comparables a la de abandonar un paraíso celestial e ir a parar al infierno más doloroso. A pesar de ello, nunca se arrepiente de su afecto por la dama (vv. 5-8).

Mientras ella está lejos, el yo lírico siente su compañía en la distancia e incluso le habla, con el pensamiento, en el silencio de la soledad. Más que confianza en el regreso de la dama y en su amor, la voz poética solicita paciencia para aguardarla. Su fe es tan grande que una relación finita y humana le parece eterna y divina (vv. 9-11).

Pero se encuentra en un estado de intranquilidad que lo inquieta hasta el punto de creer impresiones infundadas y de dudar ante lo evidente. La ausencia de la mujer despierta en el poeta sentimientos contradictorios y sufrimientos propios de quien ama apasionadamente (vv. 12-14).

Suelta mi manso, mayoral extraño,
pues otro tienes de tu igual decoro;
deja la prenda que en el alma adoro,
perdida por tu bien y por mi daño.

Ponle su esquila de labrado estaño,
y no le engañen tus collares de oro;
toma en albricias este blanco toro,
que a las primeras hierbas cumple un año.

Si pides señas, tiene el vellocino
pardo encrespado, y los ojuelos tiene
como durmiendo en regalado sueño.

Si piensas que no soy su dueño, Alcino,
suelta, y verásle si a mi choza viene:
que aun tienen sal las manos de su dueño.

Soneto de carácter bucólico que se presta a una interpretación en clave amorosa en la que el manso representaría a la dama y el mayoral, al hombre que se ha congraciado con la enamorada del poeta.

El yo lírico solicita vehementemente a un pastor principal que le devuelva el carnero que se le ha escapado, pues el mayoral tiene otras reses de más categoría. El poeta confiesa que este manso es el que más quiere de todo su ganado y que, aunque al pastor le beneficie haberlo encontrado, a él le perjudica mucho (vv. 1-4).

Lo exhorta a restituir al animal la campanilla o el cencerro de estaño que antes llevaba colgado al cuello, y a no retenerlo con collares de oro. A cambio, la voz poética le ofrece un toro blanco muy joven (vv. 5-8).

Si el mayoral requiriese señas para confirmar que es el manso extraviado del poeta, le describe el pelaje, oscuro y rizado, y la mirada soñolienta del carnero (vv. 9-11). Aun así, en caso de que el pastor, llamado Alcino, no creyera que la res pertenece realmente al yo lírico, le invita a soltarla. Entonces comprobará que vuelve al redil, donde su dueño todavía tiene en las manos la sal con que lo alimentaba (vv. 12-14).

Un soneto me manda hacer Violante
que en mi vida me he visto en tanto aprieto;
catorce versos dicen que es soneto;
burla burlando van los tres delante.

Yo pensé que no hallara consonante,
y estoy a la mitad de otro cuarteto;
mas si me veo en el primer terceto,
no hay cosa en los cuartetos que me espante.

Por el primer terceto voy entrando,
y parece que entré con pie derecho,
pues fin con este verso le voy dando.

Ya estoy en el segundo, y aun sospecho
que voy los trece versos acabando;
contad si son catorce, y está hecho.

Estrofa que explica cómo se escribe un soneto. La dama Violante ha pedido al poeta que componga uno y, mientras versifica, detalla paso a paso el proceso de selección y de distribución de las palabras en dos cuartetos y dos tercetos. Al principio, la solicitud parecía complicada porque le hicieron la petición de imprevisto, pero la habilidad poética del yo lírico resuelve la situación airosamente (vv. 1-14).

¿Qué tengo yo, que mi amistad procuras?
¿Qué interés se te sigue, Jesús mío,
que a mi puerta cubierto de rocío
pasas las noches del invierno escuras?

¡Oh cuánto fueron mis entrañas duras,
pues no te abrí! ¡Qué extraño desvarío,
si de mi ingratitud el hielo frío
secó las llagas de tus plantas puras!

¡Cuántas veces el Ángel me decía:
«Alma, asómate agora a la ventana,
verás con cuánto amor llamar porfía»!

¡Y cuántas, hermosura soberana,
«Mañana le abriremos», respondía,
para lo mismo responder mañana!

Soneto religioso en que el yo lírico se dirige a Cristo. Le pregunta por qué lo busca y procura su amistad, y qué le mueve a aguardarlo fielmente en la puerta de su hogar, a la intemperie, pasando frío durante las noches de invierno (vv. 1-4).

El poeta no se siente digno del amor incondicional de Jesús y se arrepiente por no haberle escuchado y por no haberle abierto la puerta. Lamenta la frialdad, la ingratitud y el daño que le causó al ignorarle mientras él permanecía en el umbral de su casa con heridas de la crucifixión sin curar y a la espera de su hospitalidad (vv. 5-8).

Un ángel, que pretendía conmover al poeta, le había sugerido en repetidas ocasiones durante el pasado que se asomara a la ventana para ver la pureza y el amor con que Jesús insistía en que lo acogiera (vv. 9-11). Sin embargo, la voz poética lo rechazaba siempre con evasivas (vv. 12-14).

6

FRANCISCO DE QUEVEDO

SIGNIFÍCASE LA PROPRIA BREVEDAD DE LA VIDA, SIN PENSAR, Y CON PADECER, SALTEADA DE LA MUERTE

¡Fue sueño ayer; mañana será tierra!
¡Poco antes, nada; y poco después, humo!
¡Y destino ambiciones, y presumo,
apenas punto al cerco que me cierra!

Breve combate de importuna guerra,
en mi defensa, soy peligro sumo;
y mientras con mis armas me consumo,
menos me hospeda el cuerpo, que me entierra.

Ya no es ayer; mañana no ha llegado;
hoy pasa, y es, y fue, con movimiento
que a la muerte me lleva despeñado.

Azadas son la hora y el momento
que, a jornal de mi pena y mi cuidado,
cavan en mi vivir mi monumento.

Soneto metafísico sobre la fugacidad de la vida y el inexorable transcurso del tiempo hacia la muerte. El poeta remarca la rapidez con que discurre el pasado —visto desde el presente como un sueño intangible— y el final luctuoso a que conduce el futuro. La nada y el humo rodean la existencia humana. Por eso las ambiciones y la vanidad no tienen sentido, pues no trascienden el gran círculo de la vida, sino que solo son un pequeño punto (vv. 1-4).

Para el yo lírico vivir es una guerra incómoda, breve y peligrosa. Esa lucha consume el tiempo de quien libra la batalla, de ahí que el poeta se considere un peligro para sí mismo, ya que desgasta su existencia mientras se defiende, es decir, mientras vive. Por tanto su cuerpo, tumba para el alma, la alojará por menos tiempo, puesto que envejece (vv. 5-8).

La percepción del tiempo es relativa; sin embargo, el presente pasa muy rápido y transcurre hacia la muerte (vv. 9-11). Las horas y los minutos representan las azadas que cavan la sepultura del yo lírico, a las que este paga con el jornal de su vida (vv. 12-14).

SALMO XVII

Miré los muros de la patria mía,
si un tiempo fuertes, ya desmoronados,
de la carrera de la edad cansados,
por quien caduca ya su valentía.

Salíme al campo, vi que el sol bebía
los arroyos del yelo desatados,
y del monte quejosos los ganados,
que con sombras hurtó su luz al día.

Entré en mi casa; vi que, amancillada,
de anciana habitación era despojos;
mi báculo, más corvo y menos fuerte;

vencida de la edad sentí mi espada.
Y no hallé cosa en que poner los ojos
que no fuese recuerdo de la muerte.

Soneto sobre la decadencia que el poeta observa a su alrededor. La lectura puede aplicarse tanto a la crisis de la España barroca como a una interpretación metafísica de los muros en tanto que metáfora del cuerpo.

El yo lírico reflexiona sobre el pasado glorioso de su país, que ahora atraviesa una etapa de profundo declive, igual que los muros de una fortaleza derruidos por efecto del tiempo, que han perdido su valor (vv. 1-4).

Esta situación tiene su correspondencia con el paisaje natural: sequía —el sol consumió los arroyos que bajaban de la montaña con el agua del deshielo—, ganados hambrientos porque no pueden pastar en las tierras desiertas y gran oscuridad al caer el sol (vv. 5-8).

De regreso al hogar, la voz poética encuentra las ruinas de su casa: una vieja habitación derribada; el bastón para gobernar, encorvado; y su espada, inservible (vv. 9-12). La decadencia es tanta que todo lo que ve le recuerda a la muerte (vv. 13-14).

A UN HOMBRE DE GRAN NARIZ

Érase un hombre a una nariz pegado,
érase una nariz superlativa,

érase una alquitara medio viva,
érase un peje espada mal barbado;

era un reloj de sol mal encarado,
érase un elefante boca arriba,
érase una nariz sayón y escriba,
un Ovidio Nasón mal narigado.

Érase el espolón de una galera,
érase una pirámide de Egito,
los doce tribus de narices era;

érase un naricísimo infinito,
frisón archinariz, caratulera,
sabañón garrafal, morado y frito.

Soneto hiperbólico dedicado a un hombre con una nariz enorme. Esta era tan grande que parecía que el hombre estuviera pegado a ella. Por eso, la voz poética califica la nariz en los siguientes términos: superlativa, tubo largo con forma de espiral que se usaba en aparatos para destilar sustancias (alquitaras), extremidad peluda de un pez espada (vv. 1-4), gran aguja de un reloj de sol, trompa de elefante, perfil judaico como el de los verdugos (sayones) o el de los intérpretes de las leyes hebreas (escribas), protuberancia deforme digna del autor de las *Metamorfosis* —apellidado igual que el aumentativo de naso o nariz grande en español— (vv. 5-8), pieza puntiaguda de hierro que remataba la proa de un barco, pirámide de Egipto, suma de las narices de quienes integraban las doce tribus de Israel —pueblo cuya historia recoge la Biblia— (vv. 9-11), parte de la cara con dimensiones inconmensurables, morro imponente como el de los caballos de Frisia (en los Países Bajos), pieza grotesca de una máscara y sabañón de color morado como si lo hubieran puesto a freír (vv. 12-14).

MUJER PUNTIAGUDA CON ENAGUAS
SONETO

Si eres campana, ¿dónde está el badajo?;
si pirámide andante, vete a Egito;
si peonza al revés, trae sobrescrito;
si pan de azúcar, en Motril te encajo.

Si chapitel, ¿qué haces acá abajo?
Si de diciplinante mal contrito
eres el cucurucho y el delito,
llámente los cipreses arrendajo.

Si eres punzón, ¿por qué el estuche dejas?
Si cubilete, saca el testimonio;
si eres coroza, encájate en las viejas.

Si büida visión de San Antonio,
llámate doña Embudo con guedejas;
si mujer, da esas faldas al demonio.

Soneto satírico sobre el vestido de una mujer. Las faldas y guardainfantes al uso en la época eran enormes y muy ahuecadas, por lo que su aspecto se prestaba a lecturas burlescas.

La dama, cuando lleva faldas, parece una campana y, por eso, la voz poética le pregunta con picardía dónde esconde la pieza que cuelga dentro de las campanas para hacerlas sonar (badajo). La invita a regresar a Egipto si es una pirámide andante. Si es una peonza invertida, le ruega que lleve las letras que se estampaban sobre esta. Si es un pan de azúcar —dulce que entonces se hacía con forma piramidal—, el yo lírico la vinculaba a la ciudad granadina de Motril, famosa por su buen azúcar (vv. 1-4).

Si en lugar de dama es el capitel de una columna, el poeta le pregunta qué hace a ras de suelo, ya que los capiteles culminan la estructura de las columnas en su parte alta. Si es el capuchón de un disciplinante que no se ha arrepentido, los cipreses la llamarán arrendajo —ave que simula el canto de otros pájaros— por imitar la forma puntiaguda y cónica de estos árboles (vv. 5-8).

Si es un punzón, cuyo mango abombado se asemeja al perfil de las enaguas femeninas, el yo lírico lo interroga para saber qué hace fuera del estuche de las herramientas. Si es el recipiente que se usaba para agitar los dados en el juego, para dar forma a algunos dulces o para realizar los trileros sus trazas, la instiga a que enseñe el contenido. Si es el capirote de los delincuentes mostrados en público, le sugiere encajarse en la cabeza de una vieja —algunas eran acusadas por alcahuetas o por ejercer la brujería— (vv. 9-11).

Si es una aparición extremadamente delgada de San Antonio —santo cristiano conocido por las visiones que tenía y por la extrema delgadez que le causaron los continuos ayunos—, la llamará embudo con greñas. Finalmente, en caso de ser una mujer, como las faldas le quedan tan mal, le recomienda que se deshaga de la prenda y que se la dé al demonio (vv. 12-14).

Poderoso caballero
es don Dinero.

Madre, yo al oro me humillo;
él es mi amante y mi amado,
pues, de puro enamorado,
de contino anda amarillo;
que pues, doblón o sencillo,
hace todo cuanto quiero,
poderoso caballero
es don Dinero.

Nace en las Indias honrado,
donde el mundo le acompaña;
viene a morir en España,
y es en Génova enterrado.
Y pues quien le trae al lado
es hermoso, aunque sea fiero,
poderoso caballero
es don Dinero.

Es galán y es como un oro,
tiene quebrado el color,
persona de gran valor,
tan cristiano como moro.
Pues que da y quita el decoro
y quebranta cualquier fuero,
poderoso caballero
es don Dinero.

Son sus padres principales,
y es de nobles descendiente,

porque en las venas de Oriente
todas las sangres son reales;
y pues es quien hace iguales
al duque y al ganadero,
poderoso caballero
es don Dinero.

Mas ¿a quién no maravilla
ver en su gloria sin tasa
que es lo menos de su casa
doña Blanca de Castilla?
Pero, pues da al bajo silla
y al cobarde hace guerrero,
poderoso caballero
es don Dinero.

Sus escudos de armas nobles
son siempre tan principales,
que sin sus escudos reales
no hay escudos de armas dobles;
y pues a los mismos robles
da codicia su minero,
poderoso caballero
es don Dinero.

Por importar en los tratos
y dar tan buenos consejos,
en las casas de los viejos
gatos le guardan de gatos.
Y pues él rompe recatos
y ablanda al juez más severo,
poderoso caballero
es don Dinero.

Y es tanta su majestad
(aunque son sus duelos hartos),
que con haberle hecho cuartos,
no pierde su autoridad;
pero, pues da calidad
al noble y al pordiosero,
poderoso caballero
es don Dinero.

Nunca vi damas ingratas
a su gusto y afición;
que a las caras de un doblón
hacen sus caras baratas;
y pues las hace bravatas
desde una bolsa de cuero,
poderoso caballero
es don Dinero.

Más valen en cualquier tierra
(¡mirad si es harto sagaz!)
sus escudos en la paz
que rodelas en la guerra.
Y pues al pobre le entierra
y hace proprio al forastero,
poderoso caballero
es don Dinero.

Letrilla satírica sobre el poder del dinero. La voz poética es la de una dama que conversa con su madre. La joven le explica cómo se ha rendido a las riquezas de don Dinero, su amante. Ella le corresponde y él la ama tanto que su tez se ha vuelto amarilla —en la época se asociaba este color de piel a los desesperados o a los que amaban con locura—. Como don Dinero se plega a la voluntad de la dama, a esta no le importa si es doblón o sencillo —monedas de diferente valor y, metafóricamente, maneras de amar con más o menos intensidad— (vv. 1-10).

El oro de las minas americanas era equiparable al Nuevo Mundo en juventud. Sin embargo, cuando llegaba a España, moría porque se utilizaba para pagar los préstamos con que el país sufragaba las guerras, y los banqueros genoveses lo enterraban en sus cajas de caudales. Para el yo lírico, quien tiene dinero resulta encantador aunque su carácter sea desabrido. He ahí su poder (vv. 11-18).

Don Dinero es un hombre guapo («como un oro»). A pesar de ser pálido —síntoma de malicia según se creía entonces—, se comportaba con valentía. No importaba su religión, ya que resultaba tan poderoso que otorgaba o quitaba dignidad a las personas, independientemente de los actos cometidos. Permitía ir contra la ley sin recibir sanciones por ello (vv. 19-26).

El caballero procede de linaje noble: por sus venas corre el dinero (los reales) y puede entenderse que, asimismo, es de sangre real. Su poder radica en comprar la posibilidad de ascenso social y, por esta razón, iguala a los aristócratas con los trabajadores sin importar las castas (vv. 27-34).

La voz poética personifica una moneda de poco valor llamada blanca con una antigua princesa castellana —Blanca de Castilla—. De esta manera el dinero adquiere más importancia, pues todo lo transmuta: a quien no tiene clase le permite comprarla («le da la silla») y al hombre cobarde lo vuelve valeroso (vv. 35-42).

Los blasones que identifican a los nobles tienen un

precio y la moneda conocida como escudo también compra los escudos de armas. Los robles representan las embarcaciones hechas con esta madera, que viajaban de América a España rebosantes de oro. De ahí que aquellos barcos fueran como minas y que sintieran codicia de la propia carga, ya que los sentimientos que provoca el dinero son muy poderosos (vv. 43-50).

Algunas personas con recursos económicos adquieren favores, incluso de tipo sexual —los tratos son pactos que podían implicar relaciones carnales—. Por su gran valor, hay ancianos que esconden el dinero dentro de bolsas hechas con piel de gato, pues corren el riesgo de que les roben los ladrones —popularmente conocidos como gatos—. Las riquezas vencen cualquier reparo moral y pueden comprar hasta la voluntad de los jueces (vv. 51-58).

Aunque traiga consigo problemas, don Dinero es tan importante que al devaluarse la moneda y dividirla en fracciones («haberle hecho cuartos»), no pierde su autoridad. Dignifica a quien tenga solvencia, ya sea noble o pordiosero. Tanta es su fuerza (vv. 59-66).

Las damas tampoco se resisten al dinero. Se entregan a los doblones —moneda con una efigie impresa en la cara—, incluso sin verlos, solo con saber que están dentro de una bolsa, tal es su magnetismo (vv. 67-74).

Don Dinero, muy astuto, es principal en cualquier parte del mundo. Por eso vale mucho más la moneda llamada escudo en tiempos de paz que el escudo o arma defensiva para cubrirse de las agresiones. Permite costear el entierro de una persona pobre y al extranjero rico lo convierte en nativo de un país. El poder del dinero es inmenso (vv. 75-82).

[illegible] como es el [illegible] también com-
[illegible] la
[illegible] madera [illegible] de
[illegible] De aquí que algunos
[illegible] y [illegible]
[illegible] propia causa, y que los sentimientos [illegible]
[illegible] (V, [illegible]).

[illegible] con [illegible] es [illegible]
[illegible] los [illegible]
[illegible] — Por si
[illegible] que se [illegible] entre
[illegible] de [illegible] pues [illegible]
[illegible] los [illegible] — [illegible]
[illegible] — [illegible] veces [illegible]
[illegible] pueden [illegible] de los
[illegible] (V, [illegible]).

Aunque [illegible] problema de Dios es
tan importante [illegible]
[illegible] no cabe su
[illegible] teoría
[illegible] (V, [illegible]).

Las [illegible] no [illegible]
[illegible]
[illegible]
[illegible]
Dios [illegible]
parte del mundo [illegible]
[illegible]
[illegible]
[illegible]
[illegible]
[illegible]

PROPUESTAS DE TRABAJO

Afrontar la lectura de los clásicos es siempre estimulante. Cuando una obra de estas características llega a nuestras manos, plantea retos a la inteligencia y a la imaginación: requiere una concentración especial durante la lectura, contiene palabras y expresiones poco usadas hoy en día y refleja situaciones aparentemente alejadas de nuestra realidad cotidiana. Si, además, se trata de un clásico en verso, como ocurre con la poesía del Siglo de Oro, el desafío aumenta porque necesitamos conocer los códigos literarios que empleaban los autores de entonces.

Por paradójico que resulte, estos retos ofrecen la clave para descifrar con éxito unos poemas que se articulan, desde el punto de vista formal, con la exactitud de la ecuación matemática. Una vez resueltos, la poesía aurisecular revela los contenidos que han admirado a generaciones de lectores desde hace cientos de años. Los versos pueden leerse con plena vigencia en el siglo XXI, ya que los universales del sentimiento laten por igual en todas las épocas aunque cambien las circunstancias externas.

Esta guía ofrece actividades diversas para facilitar la lectura de la *Antología poética del Siglo de Oro*. Las propuestas refuerzan la comprensión de la obra, de los autores y de su contexto, y se estructuran según el proceso gradual de aprendizaje. La temporización y el número de ejercicios realizados puede ajustarse a la dinámica del grupo y al tiempo de que se disponga. Las actividades se enfocan desde un punto de vista interdisciplinar, colaborativo y tecnológico con el fin de hacer más ameno el estudio.

1. ACTIVIDADES PARA TRABAJAR ANTES DE LA LECTURA

1.1. *En blanco*

El soneto es un tipo de estrofa que condensa una reflexión en catorce versos. Lope de Vega fue un maestro sonetista. En su obra *Arte nuevo de hacer comedias en este tiempo* (1609), donde explica la nueva fórmula teatral que él mismo había creado, apuntó que «el soneto está bien en los que aguardan» (v. 308). Esto significa que, en el teatro barroco, hay personajes que los recitan cuando se producen reflexiones profundas o la tensión dramática está en un punto álgido. Pero otro uso del soneto, y otra manera de entender el significado de la expresión sobre aquel que aguarda, puede entenderse en el marco del cortejo amoroso. Lope de Vega escribió numerosos sonetos de amor humano y divino, y supo definir con agudeza las contradicciones de este sentimiento.

A continuación os proponemos leer un ejemplo. Para completar la lectura, tendréis que colocar en su sitio algunas palabras que han quedado en blanco en el soneto. Seguid el esquema métrico y la distribución de rimas propia de esta estrofa para situar las palabras al final del verso correspondiente. Tened en cuenta que este soneto de definición se basa en el recurso de contraponer palabras o expresiones antónimas, y en el empleo de sinónimos.

daño	sabe	vivo	receloso
cabe	altivo	furioso	

«Desmayarse, atreverse, estar ______________,
áspero, tierno, liberal, esquivo,
alentado, mortal, difunto, ______________,
leal, traidor, cobarde y animoso;

no hallar fuera del bien centro y reposo,
mostrarse alegre, triste, humilde, ______________,
enojado, valiente, fugitivo,
satisfecho, ofendido, ______________;

huir el rostro al claro desengaño,
beber veneno por licor süave,
olvidar el provecho, amar el ______________;

creer que un cielo en un infierno ______________,
dar la vida y el alma a un desengaño;
esto es amor, quien lo probó lo ______________.»

Cuando tengáis vuestra propuesta, comprobad si es correcta en este enlace: <http://youtu.be/yaTZefvZlHU>.

1.2. *¿Quién es quién?*

a. Tiene gafas, el cabello oscuro y escribió *La hora de todos y la Fortuna con seso*... ¿a qué escritor del Siglo de Oro nos referimos? Ligad cada retrato con el nombre del poeta que representa.

1 — a. Fray Luis de León

2 — b. Lope de Vega

3 — c. Luis de Góngora y Argote

4 — d. San Juan de la Cruz

5 — e. Francisco de Quevedo

6 — f. Garcilaso de la Vega

b. A continuación rellenad los espacios en blanco de las siguientes frases. Os descubrirán detalles sobre la vida y la obra estos autores. En la red y en vuestro libro de texto encontraréis buenas pistas para resolver el ejercicio.

- Los pastores Salicio y Nemoroso protagonizan la *Égloga I* de ________________.

- ________________ se retiraba a la residencia agustina de La Flecha para alejarse del mundanal ruido.

- El título del poemario *La soledad sonora* de Juan Ramón Jiménez se inspira en un verso del *Cántico espiritual* de ________________.

- Era tan famoso que ya en su época dio origen a una oración popular que comenzaba: «Creo en ____________, poeta del cielo y de la tierra...»

- ________________ aparece como personaje en las novelas del Capitán Alatriste de Arturo Pérez-Reverte.

- Velázquez pintó el retrato más conocido de __________ ____________.

1.3. *Tiempo al tiempo*

El Renacimiento y el Barroco abarcan dos siglos fundamentales en el devenir de España. ¿Cuáles son los principales hechos que marcaron el país entonces?

a. Cread una línea temporal para indicarlos. Distribuid la clase en grupos de tres. Cada grupo buscará información en el libro de texto y en la red para realizar un esquema gráfico sobre hechos históricos, personajes relevantes, efemérides literarias, hitos del arte y otros aspectos del Siglo de Oro que os señale vuestro profesor. Ordenad cronológicamente las entradas que incluyáis en la línea; señaladlas con un nombre identificativo, con su fecha o fechas y con una breve descripción.

b. Cuando terminéis la serie cronológica, ponedla en común en clase y, entre todos, resumid las entradas más importantes en una única línea temporal compartida. ¿Creéis que podrían establecerse algunos paralelismos entre la historia de entonces y la de ahora?

c. Empezad situando estas referencias en orden cronológico: nacimiento de fray Luis de León, redacción de las *Soledades*, Concilio de Trento, Velázquez pinta *Las Meninas*, *El cortesano* se publica en español, tornaboda de Carlos V en Granada, batalla de Mühlberg, Armada Invencible, reinados de Carlos V, Felipe II, Felipe III, Felipe IV y Carlos II, revuelta de las Comunidades, expulsión de los moriscos, batalla de Lepanto, encarcelamiento de San Juan de la Cruz, ediciones del *Romancero general*.

Para confeccionar los esquemas hay recursos digitales como Timetoast (www.timetoast.com), Timerime (www.timerime.com/es) o plantillas de hojas de cálculo que facilitarán su composición.

1.4. *Cada oveja con su pareja*

Leed con atención los comienzos de los siguientes poemas. ¿Cuál es su título? Algunos versos os darán pistas muy evidentes. Sin mirar la antología, ¿sabríais decir qué autor escribió cada fragmento?

1. «¡Oh llama de amor viva,
que tiernamente hieres
de mi alma en el más profundo centro!;
pues ya no eres esquiva,
acaba ya si quieres,
rompe la tela de este dulce encuentro»

2. «Miré los muros de la patria mía,
si un tiempo fuertes, ya desmoronados,
de la carrera de la edad cansados,
por quien caduca ya su valentía»

3. «Era del año la estación florida
en que el mentido robador de Europa,
media luna las armas de su frente,
y el Sol todo los rayos de su pelo,
luciente honor del cielo,
en campos de zafiro pace estrellas»

4. «Si de mi baja lira
tanto pudiese el son, que en un
momento
aplacase la ira
del animoso viento
y la furia del mar y el movimiento»

5. «¡Qué descansada vida
la del que huye el mundanal ruido
y sigue la escondida
senda, por donde han ido
los pocos sabios que en el mundo han sido»

a. «Ode ad florem Gnidi»

b. «Canción de la vida solitaria»

c. *Llama de amor viva*

d. *Soledad primera*

e. «Salmo XVII»

1.5. *Hijos de su época*

Los escritores son hijos de su tiempo, ya que las circunstancias históricas repercuten, en mayor o menor medida, en cómo afrontan la creación literaria. Los oficios, las modas, la política, la religión, los artistas de otros países dejan su huella en los autores y en la literatura de una época.

a. ¿Qué rastro dejó la historia del Siglo de Oro en la vida de Garcilaso, fray Luis de León, San Juan de la Cruz, Góngora, Lope de Vega o Quevedo? ¿Participaron en acontecimientos históricos destacables? ¿Cómo se posicionaron ante la realidad que vivieron?

b. Para responder a estas preguntas os proponemos que, individualmente, elijáis uno de los poetas mencionados y que resumáis los episodios sobresalientes de su biografía. Prestad atención a los estudios que hicieron, las profesiones a las que se dedicaron, las ciudades en las que residieron, adónde viajaron, su participación en sucesos trascendentales, las obras que escribieron y cómo fueron acogidas por sus contemporáneos.

c. Después, en parejas y con compañeros que hayan trabajado sobre la vida del mismo poeta, elaborad un cartel digital ilustrado que muestre el papel de este escritor en la historia. Poned los carteles en común, elegid los seis que mejor representen la vida de cada poeta, imprimidlos y colgadlos en el tablón o mural de vuestra clase.

Para elaborar los carteles digitales os recomendamos herramientas como Glogster (edu.glogster.com), una presentación PowerPoint o un documento de texto compartido en línea.

1.6. *Enciclopedia mitológica*

Los relatos mitológicos recogen historias de la Antigüedad grecolatina que plantean casos ejemplarizantes dignos de ser imitados o de evitarse a toda costa. Los escritores auriseculares empleaban el acervo de la mitología para embellecer el estilo de sus obras, para matizar la caracterización de los personajes, para profundizar en la descripción de las emociones o para establecer paralelismos entre el pasado y el presente.

Los personajes mitológicos que enumeramos a continuación aparecen en la antología: Anajárete, Arión, Aurora, Cupido, Éolo, Europa, Febo, Filomena, Ganímedes, Hero y Leandro, Júpiter, Marte, Orfeo y Eurídice, Píramo y Tisbe, Venus.

a. Para familiarizaros con lo que les ocurrió, con lo que representaron y con los atributos que los identifican en las narraciones mitológicas, repartid los nombres de la lista anterior y realizad, en parejas, una ficha donde describáis a los personajes y añadáis una imagen representativa. Os proponemos un modelo en la página siguiente.

b. Con la supervisión de vuestro profesor, recopilad alfabéticamente todas las fichas en un documento digital colaborativo y confeccionad vuestra propia enciclopedia mitológica. Tenedla a mano mientras leéis, pues os permitirá interpretar estas referencias en los poemas del Siglo de Oro y os facilitará un código importante para descifrarlos.

Algunos recursos que necesitaréis para llevar a cabo la actividad son el diccionario de mitología de Pierre Grimal recomendado en el apartado bibliográfico del final, un documento de texto compartido en línea, una presentación PowerPoint o la aplicación SlideShare (www.slideshare.net).

Venus
Diosa romana. En la mitología griega era conocida como Afrodita. Simboliza el amor, la belleza y la fertilidad. • Fue concebida cuando el dios Cronos cortó los genitales de su padre Urano y los lanzó al mar. Al entrar estos en contacto con el agua, Venus fue engendrada y nació de la espuma de las olas. • Júpiter la dio en matrimonio a Vulcano, dios del fuego. Venus tuvo amores, entre otros, con el joven Adonis y con el dios Marte, de cuya relación se cree que nació Cupido. • Las rosas, las palomas, la manzana o una concha de peregrino son los atributos iconográficos que identifican a Venus.

Nacimiento de Venus, Sandro Botticelli, *c.* 1485

2.1. *Recuento métrico*

La métrica estudia las posibilidades combinatorias de los versos y determina las normas de la versificación; es otro de los códigos que articula la poesía aurisecular. Los temas que trataba el poeta determinaban generalmente la estrofa que utilizaba. Empleaba el soneto en reflexiones breves de carácter amoroso, ingenioso o circunstancial; romances, para relatar hechos; silvas y tercetos encadenados, para cuestiones pertenecientes al registro culto.

¿Sabríais decir qué versos, qué rimas y qué esquemas métricos definen los nombres de las estrofas de la página siguiente? Con la ayuda de un diccionario de métrica, relacionad cada estrofa con los rasgos combinatorios que las identifican (hay casos en que más de una opción es posible). También, buscad un ejemplo en la antología. ¿Qué otras estrofas conocéis además de estas?

1. Copla castellana
2. Letrilla
3. Lira
4. Oda
5. Romance
6. Silva
7. Soneto
8. Tercetos encadenados
9. Villancico

[Número de sílabas]

a. hexasílabo
b. heptasílabo
c. octosílabo
d. endecasílabo

[Tipo de rima]

e. rima asonante
f. rima consonante

[Esquema métrico]

g. **ABBA ABBA CDE CDE** es un esquema
h. riman los versos pares y quedan sueltos los impares
i. **ABA BCB CDC**
j. endecasílabos y heptasílabos riman a gusto del poeta
k. 7a 11B 7a 7b 11B
l. sucesión de liras
m. **abba cddc** y **abab cdcd** son dos variantes
n. esquema semejante al del villancico y al romance, con estribillo
ñ. cabeza o tema + estrofas o mudanzas + vuelta con estribillo

1. Copla castellana: | c. | e. | m. |

Ejemplo: «Tras de un amoroso lance» (pág. 91), San Juan de la Cruz. La copla inicial se glosa en varias estrofas con un estribillo que repite el último verso de la copla («que le di a la caza alcance»).

2. Letrilla:

Ejemplo:

3. Lira:

Ejemplo:

4. Oda:

Ejemplo:

5. Romance:

Ejemplo:

6. Silva:

Ejemplo:

7. Soneto: ☐ ☐ ☐

Ejemplo:

8. Tercetos: encadenados: ☐ ☐ ☐

Ejemplo:

9. Villancico: ☐ ☐ ☐

Ejemplo:

2.2. *Diccionario visual*

a. Uno de los retos más importantes que plantea la poesía del Siglo de Oro es el vocabulario. La actividad que proponemos a continuación os familiarizará con el léxico de la antología. Mientras leáis los poemas, tened a mano un lápiz para marcar cualquier palabra o expresión que no entendáis. Después, en clase, abrid un documento compartido en línea para anotar todas estas palabras. Os sugerimos que elaboréis un listado como este:

Sustantivo		*Verbo*		*Adjetivo*		*Adverbio*		*Expresiones*	
Ábrego (Fray Luis de León, pág. 79)		*Marchitar* (Garcilaso de la Vega, pág. 70)		*Fiero* (Garcilaso de la Vega, pág. 71)		*Miserable-mente* (Fray Luis de León, pág. 80)		*Las dulces patrañas del Rey que rabió* (Góngora, pág. 97)	
Alquitara (Quevedo, pág. 122)									

b. Clasificad las palabras en orden alfabético y según su categoría morfológica. Entre paréntesis, indicad el poeta que la emplea y la página del libro. Por último, dejad un espacio en blanco junto a cada palabra. Una vez que hayáis preparado el documento con el vocabulario, repartid las palabras entre los alumnos de la clase de manera que cada uno apadrine, por lo menos, una palabra o una expresión de la lista. Vuestra misión será definirlas con una imagen, que buscaréis en la red o que vosotros mismos dibujaréis para la ocasión. ¡Con este diccionario ya no se os resistirá ningún poema de la antología!

Para realizar las búsquedas de palabras os recomendamos los diccionarios en línea de la Real Academia Española de la Lengua (http://www.rae.es/recursos/diccionarios).

2.3. *Puesta a punto de retórica*

a. Los poetas adornan y refuerzan la expresividad de sus versos mediante figuras retóricas. Les permiten transmitir las realidades que observan con una mirada que matiza y enriquece nuestra impresión cotidiana de lo que nos rodea. ¿Cuántas figuras retóricas conocéis? ¿Podríais explicarlas con vuestras palabras?

b. Para empezar la puesta a punto, señalad qué conceptos pertenecen a figuras retóricas y cuáles aluden a otras materias de estudio en la siguiente enumeración:

1. Antítesis
Figura retórica ☐
Otras materias ☐

2. Vértice de la parábola
Figura retórica ☐
Otras materias ☐

3. Metonimia
Figura retórica ☐
Otras materias ☐

4. Polisíndeton
Figura retórica ☐
Otras materias ☐

5. Dióxido de carbono
Figura retórica ☐
Otras materias ☐

6. Metáfora
Figura retórica ☐
Otras materias ☐

7. Ecuación
Figura retórica ☐
Otras materias ☐

8. Anáfora
Figura retórica ☐
Otras materias ☐

9. Molécula
Figura retórica ☐
Otras materias ☐

10. Aliteración
Figura retórica ☐
Otras materias ☐

11. Termodinámica
Figura retórica ☐
Otras materias ☐

12. Calambur
Figura retórica ☐
Otras materias ☐

13. Surrealismo
Figura retórica ☐
Otras materias ☐

14. Prosopografía
Figura retórica ☐
Otras materias ☐

15. Barbecho
Figura retórica ☐
Otras materias ☐

16. Hipérbaton
Figura retórica ☐
Otras materias ☐

17. Neoplatonismo
Figura retórica ☐
Otras materias ☐

18. Hipérbole
Figura retórica ☐
Otras materias ☐

19. Feudalismo		20. Sinécdoque	
Figura retórica	☐	Figura retórica	☐
Otras materias	☐	Otras materias	☐

c. Comprobad las respuestas con vuestro profesor. Luego, en parejas, definid las figuras retóricas en un documento y añadid un ejemplo de la antología que represente cada figura. A continuación, clasificadlas teniendo en cuenta si la figura pertenece al nivel de análisis fónico, léxico-semántico o morfosintáctico y añadid otras que os señale vuestro profesor. Organizad la información en un cartel, un mural o un cuadro sinóptico digital.

Para elaborar la tarea os recomendamos herramientas como Glogster (edu.glogster.com), Lino (http://en.linoit.com/), Mind42 (http://mind42.com/), Mural.ly (https://mural.ly/), Padlet (http://padlet.com/), una presentación PowerPoint o documentos de texto compartidos en línea.

2.4. *¡Vaya tópico!*

En la poesía del Siglo de Oro hay temas tipificados que se articulan sobre tópicos de la tradición literaria grecolatina. La maestría de un autor se aprecia cuando elabora los tópicos según su particular sensibilidad creativa y no como una repetición mecánica.

a. ¿Recordáis qué significan los siguientes tópicos y por qué nos referimos a ellos en latín? Definidlos y buscad un ejemplo de la antología para cada caso.

– *Aurea mediocritas*
– *Beatus ille*
– *Carpe diem*
– *Descriptio puellae*
– *Homo viator*
– *Locus amoenus*
– *Locus eremus*
– *Tempus fugit*
– *Ubi sunt?*
– *Vanitas vanitatum*

b. ¿Cómo han pervivido los tópicos clásicos en los mensajes que nos acompañan en el día a día? ¿Hay nuevas interpretaciones del *carpe diem*, del *ubi sunt?* o de la *aurea mediocritas* en las películas, los anuncios de televisión, los artículos de las revistas, de los periódicos o la publicidad en línea? Mirad este caso: <http://youtu.be/ybNOqg1p4Mg>.

c. Recoged vuestras respuestas en un documento compartido en línea con la clase. Divididlo en dos columnas: en una apuntaréis un ejemplo de la antología, en la otra uno que busquéis en los medios de comunicación, en la red o en un libro contemporáneo (no olvidéis indicar la fuente del ejemplo y su autor). ¿Empleamos los tópicos de la misma manera en el siglo XXI que en el XVI y el XVII?

2.5. *¿Qué título le pongo?*

El título del poema anuncia una parte significativa del contenido que estamos a punto de leer. Pero no es un requisito indispensable. Hay composiciones que no tienen título porque originalmente se articulaban dentro de un poemario o de un cancionero amoroso y el lector del Siglo de Oro sobreentendía el nexo de unión entre las piezas. En otros casos el poeta, o el editor de los poemas, consideraba suficiente indicar el nombre de la estrofa (soneto, romance, letrilla) o simplemente numerarla.

La poesía renacentista y la barroca solían circular en manuscritos que letrados, estudiantes o aficionados a la literatura copiaban y que pasaban de mano en mano, porque la conciencia autorial y editorial de entonces era algo distinta de la que tenemos en la actualidad. A veces aparecían títulos que los copistas añadían por iniciativa propia o incluso desaparecían los que había puesto el autor.

a. Imaginad que sois uno de esos copistas del Siglo de Oro y que estáis compilando algunos poemas para una antología. En un momento de inspiración decidís titularlos todos. Estas son las composiciones que esperan que las tituléis, ¿cómo resumiríais el contenido de cada poema en una frase impactante?

1. Garcilaso de la Vega

«Escrito está en mi alma vuestro gesto
y cuanto yo escribir de vos deseo:
vos sola lo escribistes, yo lo leo,
tan solo, que aun de vos me guardo en esto.»
(pág. 67)

2. San Juan de la Cruz

«Tras de un amoroso lance,
y no de esperanzas falto,
volé tan alto, tan alto,
que le di a la caza alcance.»
(pág. 91)

3. Luis de Góngora

«Amarrado al duro banco
de una galera turquesca,
ambas manos en el remo
y ambos ojos en la tierra,
un forzado de Dragut
en la playa de Marbella
se quejaba al ronco son
del remo y de la cadena»
(pág. 99)

4. Lope de Vega

«¿Qué tengo yo, que mi amistad procuras?
¿Qué interés se te sigue, Jesús mío,
que a mi puerta cubierto de rocío
pasas las noches del invierno escuras?»
(pág. 117)

5. Francisco de Quevedo

«Madre, yo al oro me humillo;
él es mi amante y mi amado,
pues, de puro enamorado,
de contino anda amarillo;
que pues, doblón o sencillo,
hace todo cuanto quiero,

poderoso caballero
es don Dinero.»
(pág. 125)

b. Antes de escribir el título, buscad el poema, leedlo entero y, luego, pensad la frase adecuada. Después haced una puesta en común de títulos: ¿en qué varían unos de otros?, ¿en qué coinciden?, ¿cuáles son los más originales?

2.6. *Adivina el poema*

a. Elegid, en parejas, un poema de la antología. Escoged las palabras más importantes y cread con ellas una nube léxica como la siguiente: ¿sabéis a qué poema corresponde y quién es su autor?

b. Proyectad en clase vuestras nubes líricas en una competición de adivinanzas: ¿cuál es la más difícil?, ¿y la más original?

c. Observad si hay alguna categoría morfológica que prevalezca sobre otras en las nubes que representan los poemas que habéis escogido. Explicad por qué creéis que sucede: en el plano semántico, ¿qué diferencia un poema con muchos verbos frente a otro en el que predominan los sustantivos o los adjetivos?

La aplicación Wordle (http://www.wordle.net/) os ayudará a elaborar las nubes de palabras.

3. ACTIVIDADES PARA TRABAJAR DESPUÉS DE LA LECTURA

3.1. *Vídeo currículum*

Garcilaso, Lope, Góngora y Quevedo trabajaron al servicio de nobles, y fray Luis de León era profesor universitario. En aquella época la selección de personal funcionaba a través de referencias y recomendaciones que intercambiaban los aristócratas para quienes los escritores trabajaban como consejeros y secretarios, o también por medio de exámenes y oposiciones en el caso académico.

a. Aunque no había currículum vítae como los de ahora, nuestros autores dieron a conocer su formación y su experiencia tanto para aspirar a los trabajos que solicitaban como para acceder a aquellos puestos en los que se los requería. Pero si tuvieran que aspirar a un trabajo en la actualidad, ¿cómo creéis que presentarían sus credenciales?

b. En grupos de tres, elegid uno de los poetas de la antología, abrid un documento colaborativo y resumid sus méritos educativos y profesionales (estudios, experiencia, colegios y universidades donde se formó, idiomas, publicaciones, intereses, aficiones) en un breve currículum. A partir del documento, elaborad el guion sobre el que grabaréis, en los grupos que vuestro profesor determine, el vídeo currículum de Lope de Vega, fray Luis de León, Luis de Góngora, Garcilaso de la Vega y Francisco de Quevedo.

c. Mirad este ejemplo reciente: <http://youtu.be/70iSEMNVE_M>.

d. Una vez que hayáis grabado vuestro vídeo currículum, organizad una proyección en clase y elegid los mejores para subirlos a una plataforma como Youtube (http://www.youtube.com/) o Vimeo (https://vimeo.com/). ¿A qué trabajos aspiran nuestros poetas? ¿A cuál de ellos le daríais el puesto sin dudarlo ni un segundo?

En las siguientes páginas web encontraréis indicaciones para escribir un currículum: http://w27.bcn.cat/porta22/es/eines/cv_carta/curriculum/index.jsp y <http://www.oficinadetreball.cat/socweb/export/sites/default/socweb_es/ciutadans/orientacioTrobarFeina/curriculum.html>.

3.2. *Retratados*

Durante el Renacimiento y el Barroco había pintores especializados en retratos. En los ambientes nobles era costumbre retratar a los miembros de la familia, sobre todo de la real. En una época en la que no existían las cámaras fotográficas, el pintor, el pincel, el lienzo y la pintura eran indispensables para dejar constancia de los personajes ilustres de la historia. También había retratos en pequeño formato, para que los padres, hijos, esposos y enamorados llevasen siempre consigo la efigie de sus seres más queridos.

a. Observad estas imágenes:

Magdalena penitente con la cruz,
El Greco, *c.* 1585

Santa Dorotea,
Francisco de
Zurbarán, *c.* 1648

La infanta Margarita Teresa
de Austria, detalle de
Las Meninas, Diego Velázquez,
1656

Inmaculada Concepción
de El Escorial, Bartolomé
Esteban Murillo, *c.* 1665

b. Además del talento para reproducir la realidad, el pintor tenía en cuenta los patrones de belleza y las modas que imperaban en la época. No es lo mismo el aspecto de la infanta Margarita de Velázquez, una virgen de Murillo, una santa de El Greco o Zurbarán, que las mujeres cubistas que pintó Pablo Picasso en el siglo xx, las de Fernando Botero o los estudios sobre Isabel Rawsthorne del pintor británico Francis Bacon. Buscad en la red las obras de estos tres pintores contemporáneos para contrastar con las imágenes anteriores.

c. Los poetas pintaban con palabras, ¿qué pistas encontramos en los versos de esta antología? Buscad los que hagan referencia al físico femenino y masculino, y recopiladlos en un documento compartido en línea. ¿Hay más referencias al hombre o a la mujer? ¿Por qué? ¿Qué rasgos de conducta acompañan a los cánones de belleza física?

d. Ilustrad los versos con pinturas y fotografías clásicas, contemporáneas o imágenes actuales que encontréis. Inspiraos en un modelo magistral, la relectura de Pablo Picasso sobre *Las Meninas* de Velázquez: <http://www.bcn.cat/museupicasso/es/coleccion/mpb70-433.html>.

e. ¿Qué diferencias y qué similitudes observáis entre el concepto de belleza del Siglo de Oro y el actual?

3.3. *Repaso de vocabulario*

En estos versos hay varias palabras o expresiones marcadas en negrita y definiciones posibles. Sin consultar el diccionario, descubrid el significado correcto. Y también sin mirar, para sacar un diez, ¿quién es el autor de los fragmentos?

«Si **büida** visión de San Antonio,
llámate doña Embudo con **guedejas**» (pág. 123)

a) Afilada / Greñas
b) Amarilla / Restos de polvo
c) Afilada / Faldas

«**En tanto que** de rosa y de azucena
se muestra la color en vuestro gesto» (pág. 69)

a) Con frecuencia
b) Mientras que
c) A menudo

«Prisión del nácar era articulado
de mi firmeza un **émulo** luciente» (pág. 105)

a) Sol
b) Sortija
c) Imitador

«Ponle su **esquila** de labrado estaño,
y no le engañen tus collares de oro» (pág. 115)

a) Cencerro pequeño
b) Silla de montar
c) Herradura

«¡Oh dulces **prendas** por mi mal halladas,
dulces y alegres cuando Dios quería» (pág. 68)

a) Recuerdos
b) Pastelillos
c) Joyas

«El aire el huerto **orea**
y ofrece mil olores al sentido» (pág. 79)

a) Molesta por su fuerza
b) Remueve las esporas
c) Refresca con la ventilación

«por el hermoso cuello blanco, **enhiesto**,
el viento mueve, esparce y desordena» (pág. 70)

a) Erguido
b) Lleno de arrugas
c) Inclinado en una torsión

« [...] al cielo suena
confusa vocería,
y la mar enriquecen **a porfía**» (pág. 79)

a) Abundantemente
b) Saladamente
c) Rápidamente

«En esto se descubrieron
de la Religión seis velas,
y el **cómitre** mandó usar
al forzado de su fuerza» (pág. 100)

a) Pirata de los mares del Sur
b) Persona que dirige a los remeros de la galera
c) Sacerdote que decía la misa en los barcos

«a dulces pastos mueve,
sin honda ni cayado,
el buen Pastor en ti su **hato** amado» (pág. 84)

a) Hermano
b) Ganado
c) Penitente

«Más valen en cualquier tierra
(¡mirad si es harto **sagaz**!)
sus escudos en la paz
que **rodelas** en la guerra» (pág. 127)

a) Astuto - Escudo
b) Astuto - Armas
c) Hambriento - Escudo

«¡Cuán manso y amoroso
recuerdas en mi seno,
donde secretamente solo moras!» (pág. 90)

a) Despiertas
b) Duermes
c) Huyes

«cuando el que ministrar podía la copa
a Júpiter mejor que **el garzón de Ida**» (pág. 101)

a) Prometeo
b) Ganímedes
c) Saturno

«Y pues él rompe **recatos**
y ablanda al juez más severo» (pág. 126)

a) Cautelas
b) Platos
c) Testimonios

«Mas ay, que **insidïoso** latón breve
en los cristales de su bella mano
sacrílego divina sangre bebe» (pág. 106)

a) Brillante
b) Afilado
c) Malicioso

3.4. *Visualizar metáforas*

a. ¿Recordáis la definición de metáfora? Durante la lectura habéis detectado algunas: ¿cuáles os han llamado más la atención y por qué? Repasad los poemas, buscad la metáfora que más os guste y traducidla en una imagen. Os proponemos un ejemplo, la lira como instrumento de la poesía:

«Si de mi baja lira
tanto pudiese el son, que en un momento
aplacase la ira»
Garcilaso de la Vega

b. Con las imágenes que creéis, realizad una presentación colaborativa sobre las metáforas en la poesía del Siglo de Oro y compartidla a través de SlideShare (http://www.slideshare.net/).

3.5. *Maestros y discípulos*

El magisterio de los autores del Siglo de Oro es un pilar de la literatura española. Los modelos renacentistas y los barrocos han sido fuente de inspiración para otros escritores. Por ejemplo, a principios del siglo XX, en 1927, un grupo de poetas que admiraba la obra de Góngora celebró el tercer centenario de su muerte y reivindicó su poesía. Por este motivo, algunos estudiosos les llamaron la generación o grupo poético del 27. Entre ellos destacaron Federico García Lorca, Rafael Alberti, Pedro Salinas, Jorge Guillén, Dámaso Alonso o Luis Cernuda. Leían con entusiasmo la poesía de Garcilaso de la Vega, fray Luis de León, San Juan de la Cruz, Lope de Vega, Francisco de Quevedo y, sobre todo, la de Góngora porque creó un código poético alejado del registro estándar de la lengua. El amor por los clásicos auriseculares no conoce fronteras y también cuenta con admiradores como el premio Nobel Gabriel García Márquez.

Veamos dos ejemplos. En el primero, el poeta Luis Cernuda realiza una biografía poética de Góngora; en el segundo, Gabriel García Márquez recrea la figura de Garcilaso de la Vega.

«GÓNGORA»

El andaluz envejecido que tiene gran razón para su
 orgullo
El poeta cuya palabra lúcida es como diamante,
Harto de fatigar sus esperanzas por la corte,

Harto de su pobreza noble que le obliga
A no salir de casa cuando el día, sino al atardecer, ya que las sombras
Más generosas que los hombres, disimulan
En la común tiniebla parda de las calles
La bayeta caduca de su coche y el tafetán delgado de su traje;
Harto de pretender favores de magnates,
Su altivez humillada por el ruego insistente,
Harto de los años tan largos malgastados
En perseguir fortuna lejos de Córdoba la llana y de su muro excelso,
Vuelve al rincón nativo para morir tranquilo y silencioso.

Ya restituye el alma a soledad sin esperar de nadie
Si no es de su conciencia, y menos todavía
De aquel sol invernal de la grandeza
Que no atempera el frío del desdichado,
Y aprende a desearles buen viaje
A príncipes, virreyes, duques altisonantes,
Vulgo luciente no menos estúpido que el otro;
Ya se resigna a ver pasar la vida tal sueño inconsistente
Que el alba desvanece, a amar el rincón solo
Adonde conllevar paciente su pobreza,
Olvidando que tantos menos dignos que él, como la bestia ávida
Toman hasta saciarse la parte mejor de toda cosa,
Dejándole la amarga, el desecho del paria.

Pero en la poesía encontró siempre, no tan solo hermosura, sino ánimo,
La fuerza del vivir más libre y más soberbio,

Como un neblí que deja el puño duro para buscar las nubes
Traslúcidas de oro allá en el cielo alto.
Ahora al reducto último de su casa y su huerto le alcanzan todavía
Las piedras de los otros, salpicaduras tristes
Del aguachirle caro para las gentes
Que forman el común y como público son árbitro de gloria.
Ni aun esto Dios le perdonó en la hora de su muerte.
Decretado es al fin que Góngora jamás fuera poeta,
Que amó lo oscuro y vanidad tan solo le dictó sus versos.
Menéndez y Pelayo, el montañés henchido por sus dogmas,
No gustó de él y le condena con fallo inapelable.

Viva pues Góngora, puesto que así los otros
Con desdén le ignoraron, menosprecio
Tras del cual aparece su palabra encendida
Como estrella perdida en lo hondo de la noche,
Como metal insomne en las entrañas de la tierra.
Ventaja grande es que esté ya muerto
Y que de muerto cumpla los tres siglos, que así pueden
Los descendientes mismos de quienes le insultaban
Inclinarse a su nombre, dar premio al erudito,
Sucesor del gusano, royendo su memoria.
Mas él no transigió en la vida ni en la muerte
Y a salvo puso su alma irreductible
Como demonio arisco que ríe entre negruras.

Gracias demos a Dios por la paz de Góngora vencido;
Gracias demos a Dios por la paz de Góngora exaltado;

Gracias demos a Dios, que supo devolverle (como hará con nostros)
Nulo al fin, ya tranquilo, entre su nada.

Luis Cernuda: «VIII. Como quien espera el alba». *La realidad y el deseo. Poesía completa.* Vol. 1. Ed. Derek Harris y Luis Maristany. Madrid: Siruela, 2002. 4.ª ed.

a. ¿Qué aspectos de la vida de Góngora destaca el poema? ¿Y de su faceta como literato? Enuméralos. ¿Fue un autor prestigioso en su tiempo? ¿Crees que los eruditos del Barroco supieron entender el estilo culterano? ¿Y en siglos posteriores? ¿Por qué homenajearon a Góngora en 1927?

> Hasta entonces no había dejado de mirarla a los ojos y ella no daba muestras de rendirse. Él suspiró hondo, y recitó:
>
> «*Oh dulces prendas por mi mal halladas*».
>
> Ella no entendió.
>
> «Es un verso del abuelo de mi tatarabuela», le explicó él. «Escribió tres églogas, dos elegías, cinco canciones y cuarenta sonetos. Y la mayoría por una portuguesa sin mayores gracias que nunca fue suya, primero porque él era casado, y después porque ella se casó con otro y murió antes que él.»
>
> «¿También era fraile?»
>
> «Soldado», dijo él.
>
> Algo se movió en el corazón de Sirva María, pues quiso oír el verso de nuevo. Él lo repitió, y esta vez siguió de largo, con voz intensa y bien articulada, hasta el último de los cuarenta sonetos del caballero de amor y de armas, don Garcilaso de la Vega, muerto en la flor de la edad por una pedrada de guerra.

Cuando terminó, Cayetano tomó la mano de Sierva María y la puso sobre su corazón. Ella sintió el fragor de su tormenta.

«Siempre estoy así», dijo él.

GABRIEL GARCÍA MÁRQUEZ: *Del amor y otros demonios*. Barcelona: Mondadori, 1994, págs. 162-163.

b. ¿Qué poema de Garcilaso cita Cayetano al principio del fragmento? ¿Por qué crees que se lo recita a Sierva María? ¿Qué relación parece unir a ambos personajes y qué función desempeña la literatura de Garcilaso entre ellos?

c. ¿Cuál es vuestro poeta favorito de la antología? Releed sus poemas y apuntad en una lista los rasgos más destacados de su estilo: estrofas, temas recurrentes, si emplea recursos mitológicos, tipos de metáforas, figuras retóricas que prefiere, vocabulario y otros aspectos que consideres relevantes.

d. ¿Os atreveríais a imitarlo? Escribid un pequeño poema. Luego, en clase, leed en voz alta las composiciones y valorad con ayuda del profesor qué discípulos se acercan más a la obra de los maestros auriseculares.

3.6. *Cancionero del Siglo de Oro*

Las recopilaciones de cantares y romances casi podrían considerarse uno de los superventas del Siglo de Oro, en especial los versos del *Romancero* y del *Cancionero general*. Además, obras como el *Cancionero de la Colombina*, el *Cancionero musical de palacio* o el *Cancione-*

ro de Upsala no solo dan cuenta del acervo lírico antiguo, sino también del musical. Muchas de las piezas recogidas en los cancioneros eran poemas tradicionales que las gentes entonaban durante las fiestas populares, las labores del campo y los menesteres diarios. Otras fueron compuestas para ser cantadas, y en ocasiones bailadas, en ambientes cortesanos.

Los poetas del Siglo de Oro conocieron, leyeron, escucharon y cultivaron con fruición estas composiciones. Gracias a la letra impresa y a las partituras musicales de los cancioneros, hoy conocemos algunos de los grandes éxitos de entonces: «De los álamos vengo», «En la fuente del rosel», «Con qué la lavaré», «Iban al pinar», «Madre, la mi madre», «Ay, luna que reluces», «Al alba venid», «Peinándose estaba un olmo», «No piense Menguilla», «Sosieguen, descansen», «Ay, que me río de Amor», «Ojos, pues me desdeñáis», «Qué me queréis, caballero», «Más vale trocar», «Qu'es de ti, desconsolado», «Niña y viña».

a. Agrupad la clase en parejas de trabajo; a cada una se le asignará uno de los títulos mencionados anteriormente y se encargará de elaborar una diapositiva que incluya:

- La versión escrita del poema asignado
- La versión musical de la pieza, siempre que sea posible
- Datos sobre el cancionero del que procede
- Compositor y/o autor de los arreglos musicales
- Imagen pictórica de la época, relacionada con el contenido del poema
- Otra información que considere vuestro profesor

b. Recopilad las diapositivas en una presentación colaborativa y componed vuestro propio cancionero digital. Os recomendamos que comencéis por las siguientes fuentes de consulta:

- Para la música:
  http://bit.ly/1ndNmeU
  http://bit.ly/N1FKLJ
  http://bit.ly/1isjKUv
  http://bit.ly/N1FPz1
  http://bit.ly/O2fQsn
  https://www.spotify.com/es/
- Para las imágenes:
  https://www.museodelprado.es/
  www.googleartproject.com

c. ¿Qué equivalentes contemporáneos añadiríais? ¿Los cantautores de hoy son los poetas músicos de entonces?

4. LECTURAS COMPLEMENTARIAS

4.1. *Para leer a los clásicos del Siglo de Oro*

«Comentar un texto de la Edad de Oro supone además tener unos conocimientos previos indispensables para poder decodificar el texto. Si, como hemos visto, el texto queda al margen de la circunstancia personal del autor es porque está totalmente inmerso en un contexto literario. El poeta contemporáneo tiene, en cambio, libertad para hablar de sí o no hacerlo, para vincularse a una tradición literaria o para romper con ella buscando el sentimiento a través de nuevos caminos. El lector tiene que acercarse al texto clásico con un utillaje cultural, pero puede tener la seguridad de que su lectura es la que quería que hiciese el poeta, decodificará con el convencimiento de que sigue el camino adecuado. Frente a un texto contemporáneo, no le sirve a veces el conocer la tradición literaria ni puede llegar a aprehender exactamente lo que ha querido decir el poeta. Se deja impresionar por lo que lee y oye, se emociona, se admira, pero no forzosamente entiende.»

ROSA NAVARRO DURÁN: *La mirada al texto. Comentario de textos literarios*. 6.ª reimp. Col. Literatura y crítica. Barcelona: Ariel, 2007, pág. 18.

4.2. *La recepción del petrarquismo en palabras de Juan Boscán*

«Cuanto al tentar el estilo de estos sonetos y canciones y otras cosas de este género, respondo que, así como en lo que he escrito nunca tuve fin a escribir, sino a andarme descansando con mi spíritu, si alguno tengo, y esto para pasar menos pesadamente algunos ratos pesados de la vida, así también en este modo de invención —si así quieren llamalla— nunca pensé que inventaba ni hacía cosa que hubiese de quedar en el mundo, sino que entré en ello descuidadamente, como en cosa que iba tan poco en hacella que no había para que dejalla de hacer, habiéndola gana. Cuanto más que vino sobre habla. Porque, estando un día en Granada con el Navagero —al cual, por haber sido varón tan celebrado en nuestros días, he querido aquí nombralle a vuestra señoría—, tratando con él en cosas de ingenio y de letras, me dijo por qué no probaba en lengua castellana sonetos y otras artes de trovas usadas por los buenos autores de Italia; y no solamente me lo dijo así livianamente, mas aun me rogó que lo hiciese.

»Partíme pocos días después para mi casa; y con la largueza y soledad del camino, discurriendo por diversas cosas, fui a dar muchas veces en lo que el Navagero me había dicho. Y así comencé a tentar este género de verso. En el cual, al principio hallé alguna dificultad por ser muy artificioso y tener muchas particularidades diferentes del nuestro; pero después pareciéndome, quizás con el amor de las cosas proprias, que esto comenzaba a sucederme bien, fui poco a poco metiéndome con calor en ello. Mas esto no bastara a hacerme pasar muy adelante si Garcilaso con su juicio (el cual no solamente en mi opinión, mas en la de todo el mundo ha sido tenido por regla cierta) no me confirmara en esta mi demanda. Y así, alabándome muchas veces este mi propósito y acabándomele de aprobar con su ejemplo —porque quiso él también llevar este camino—, al cabo me hizo ocupar mis ratos ociosos en esto más fundadamente. Y después, ya que con su persuasión tuve más abierto el juicio, ocurriéronme cada día razones para hacerme llevar adelante lo comenzado.»

JUAN BOSCÁN: *Epístola a la duquesa de Soma*. Pról. Antonio Vilanova. Barcelona: Universitat de Barcelona, 1996, págs. 29-30.

4.3. El cortesano: *instrucciones para descubrir el amor según las teorías neoplatónicas*

«Por eso (según mi opinión) el camino que el cortesano ha de tener para descubrir su voluntad a su dama ha de ser mostrársela más aína con un gesto, con un ademán, con un no sé qué, que con palabras; porque verdaderamente alguna vez mayor amor se descubre en un sospiro que salga de las entrañas, en un buen acatamiento y en un miedo que en mil palabras. Tras esto, los ojos hacen mucho al caso y son grandes solicitadores; son los diligentes y fieles mensajeros que a cada paso llevan fuertes mensajes de parte del corazón y muchas veces muestran con mayor fuerza las pasiones del alma, que no hace la lengua ni las cartas ni otros recaudos; y no solamente descubren los pensamientos, mas aun suelen encender amor en el corazón de la persona amada; porque aquellos vivos espíritus que salen por los ojos, por ser engendrados cerca del corazón, también cuando entran en los ojos donde son enderezados como saeta al blanco, naturalmente se van derechos al corazón y hasta allí no paran, y allí se asientan como en su casa, y allí se mezclan con los otros que ya estaban dentro; y con aquella delgadísima natura de sangre que tienen consigo inficionan y dañan la sangre vecina al corazón donde han llegado, calentándola y haciéndola semejante a sí y de su misma calidad propria y dispuesta a recebir la impresión de aquella imagen que consigo truxeron. Y así, poco a poco, yendo y viniendo estos mensajeros por el camino que va de los ojos al corazón, y llevando la yesca y el pedernal de la hermosura y de la gracia, encienden con el viento del deseo aquel fuego que tanto arde y nunca se acaba, porque siempre le traen mantenimiento de esperanza para mantenelle. Y así bien se puede decir que los ojos son la guía de los amores, en especial si son graciosos y dulces, negros y claros o zarcos y alegres con buena risa y así sabrosos y penetrantes en el mirar como algunos, en los cuales parece que aquellas vías por donde salen los espíritus sean tan hondas que casi por ellas se vea hasta el corazón. Así que los ojos están ascondidos en salto, como en la guerra los guerreros en las celadas. Y si la forma de todo el cuerpo, siendo hermosa y bien compuesta, convida y trae a sí al que de lexos la mira hasta hacelle llegar a estar cerca, luego allí en estando junto, los ojos salen y arremeten y hacen todo el hecho dañando y trastornando cuanto topan; en especial cuando por derecho camino envían sus rayos a los ojos de la persona amada en tiempo que ella también haga lo mismo; porque entonces los espíritus de entrambos se topan y se encuentran y en este dulce encuentro el uno toma la calidad del otro, como acaece en un ojo enfermo, que mirando muy en hito a otro sano le pega su enfermedad. Así que (a mi parecer) nuestro cortesano puede por esta vía declarar gran parte de su amor a su dama.»

BALDASSARE CASTIGLIONE: *El cortesano*. Trad. Juan Boscán. Ed. Mario Pozzi. Col. Letras Universales. Madrid: Cátedra, 1994, págs. 430-432.

4.4. *Dinamismo de la literatura religiosa renacentista: la poesía de fray Luis de León*

«El siglo XVI es en la historia de España el siglo de máxima acción. Como impelida por un formidable resorte interno, España se arroja precipitadamente, en cuerpo y alma, hacia los cuatro puntos cardinales. Es el período de los grandes descubrimientos y conquistas, por mar y por tierra, desde el Pacífico al Mediterráneo. Los soldados españoles pisan todos los caminos de Europa. Aventureros férreos, abren las rutas a América, y esas rutas sostienen el peso de los galeones cargados de oro y de los navíos que vencieron a los turcos en Lepanto. Pero, para mí, lo más asombroso no es el hecho mismo, no es la historia de la acción española, sino el espíritu que palpita detrás de toda ella. Un descubrimiento o una conquista no son más que manifestaciones externas de un alma colectiva que busca, del espíritu que ansía. Lo que parece asombroso no es tanto lo que los españoles llevaron a cabo, sus conquistas positivas y materiales, que pronto se vieron sumergidas en la nada. No, lo asombroso no es lo que hicieron, sino lo que desearon. Toda España parece una gran voluntad, un vehemente deseo, y la visión de nuestro siglo XVI es la de un pueblo que se lanza a la más tremenda aventura: la de aspirar, anhelar, sin medida ni fin. Así, hoy, al pensar en ese período, si miramos a los Andes, Nápoles, Túnez, es decir, a todas las formas concretas de nuestra acción, nos encontramos con un gran fracaso. Todo pasó. Pero lo que no ha pasado es la inusitada y ardiente aspiración en el alma de un pueblo, que encontró la expresión en esos hechos, cuyos actos fueron, desde luego, imperfectos, pero cuyos grandes ideales siguen reflejados en nuestro arte, como una fuerza pura e imperecedera. Un proverbio español dice: "Querer es poder". Durante cien años de nuestra historia ese proverbio ha sido realidad. Los españoles podían hacer lo que querían. Más tarde su poder se vino abajo, se hundió en la decadencia. Pero queda, y siempre quedará, flotando sobre las ruinas materiales, la memoria de un inmenso anhelo, de un ideal y una voluntad ilimitados. De manera que la historia de España, que puede ser mirada por el simple historiador, sociólogo o economista como un gran fracaso, si se siente en su pura y original esencia como una aspiración, es poesía. Y ahora podemos entender el dinamismo español en todas sus esferas. Pero llega un momento en que ese dinamismo se expresa sobre todo en la vida espiritual. ¿Cómo se manifestó el dinamismo español en la vida del espíritu?

[...]

»El ideal religioso proveía la nota tónica de la vida española en todas sus dimensiones. El concilio de Trento, la reforma de la iglesia católica y de las órdenes religiosas, la purificación de la fe y la vida religiosa, todo indica la dirección que tomó nuestro Renacimiento espiritual. Ahora bien, la vida religiosa es la expresión más purificada de nuestra preocupación espiritual. Y así podemos decir que a mediados del siglo XVI en España la vida religiosa y la vida espiritual eran una y la misma cosa; y que nuestra actividad, nuestro dinamismo en pensamiento y sensibilidad se concentran en lo religioso. El español de este período estaba dominado por el gran problema del alma, su existencia y su destino. Y así vemos que mientras su actividad externa y material se manifestaba en guerras y descubrimientos, la actividad espiritual se expresaba en guerras y descubrimientos del reino interior, en formidables aventuras del alma. Nuestros soldados y conquistadores parecían tener este lema: "¡Adelante, *plus ultra*!". Y ese deseo de ir más allá, esa aspiración hacia el más allá espiritual, vibra como una llama en nuestra literatura y en nuestro arte.

»Los grandes capitanes y conquistadores de la lucha interior son, a fines del siglo XVI, los místicos. La literatura mística, en sus varias formas, es un verdadero laboratorio para el estudio de la actividad del alma. Santa Teresa y sus compañeros, que volvieron su mirada hacia dentro, descubrieron, conquistaron, avanzaron a través de reinos interiores y pisaron por primera vez los caminos de la selva virgen de nuestra conciencia. Pero nuestros místicos tienen una característica notable. Y es que a pesar de que examinan los misterios del espíritu en la soledad y reclusión de sus celdas, no renuncian a las luchas del mundo exterior. Encontramos en los grandes místicos españoles un doble ser: el contemplativo o visionario y el hombre de acción.

[...]

»Esto es, pues, lo que esta vida terrena trajo al poeta: trabajo incesante en su orden, estudio, y una serie de peleas y enemistades de las cuales no pudo librarse y que se acumularon en la injusticia de su largo encarcelamiento. Ahora bien, lo curioso es que la poesía de fray Luis de León es la más notable de nuestra lírica por su serenidad exterior, su equilibrio espiritual, su firme fibra moral, su visión de una plácida y tranquila existencia. Su poema más famoso es «Vida retirada», en el cual canta la vida del campo, el apartamiento de la ambición y las luchas. Cualquiera que lea ese poema sin saber nada de su vida, la imaginaría llena de platónico reposo, a la sombra de hermosos árboles, cerca de la corriente de lentos arroyos, gozando de una existencia meditativa sin lucha alguna. ¿Cómo se puede explicar esto?

»¿Es la poesía de un gran poeta reflejo de su vida, más o menos fiel espejo de su existencia en el mundo? No. Es el resultado, la consecuencia de su vida, más allá y por encima de esa vida. Si el poeta se limitara a anotar lo que le aconteció, no estaría escribiendo poesía sino historia, memorias o un diario. Siempre se quedaría a la altura de las circunstancias. Pero la verdadera poesía se coloca por encima de las circunstancias, y aunque pueda tener su origen en ellas, es superior a ellas y las transporta a un plano en el que las contingencias se pierden y solo queda la pura esencia.

[...]

»Se ha considerado a fray Luis como uno de nuestros más importantes poetas de la naturaleza por su poema «Vida retirada», en el cual canta los encantos de su huerto que verdaderamente existió, y que vuelve a celebrar en su obra en prosa *Los nombres de Cristo*. Se ha dicho que este poema, en su manera de sentir la naturaleza, concuerda con la concepción de Horacio, y, literalmente, eso es verdad. Pero cuando este poema se ve junto con las otras obras del poeta, se observa que él concede valor a la naturaleza no tanto por sí misma como por su capacidad de ofrecer refugio, paz, consuelo al alma, cansada de este mundo. En los males de este mundo hay una sola excepción: el campo, su simple y tranquila lección. Este punto de vista se confirma en la oda ya mencionada "Al apartamiento". Ahí la naturaleza es un "seguro puerto", un "reposo alegre, dulce", y el poeta pide a las montañas que le lleven a sus alturas, lejos de los hombres, para que pueda estar libre de su veneno [...]. En este respecto la poesía de fray Luis se acerca a la poesía clásica, que distingue dos cosas dentro de la realidad: una, los hombres, sus miserias y su maldad; la otra, la clara y lustrosa naturaleza que lo purifica todo. El hombre en este caso solo huye de una zona de lo real, la humana, la creada por los hombres, pero él sigue en otra zona, también de la realidad, el mundo de la naturaleza. Su huida es una huida dentro del mismo nivel, dentro del mismo plano de la tierra, de las ciudades al campo, del mundanal ruido a la serenidad natural y la soledad. [...] ¿Por qué, con qué fin huye? En toda huida hay una actitud que es, hasta cierto punto, cobarde: uno huye para librarse de algo, o al menos para evitar el sufrimiento. Pero la actitud de fray Luis es muy diferente: no huye por librarse del sufrimiento, sino por la incompatibilidad de su alma con este mundo; huye por una especie de delicadeza y sensibilidad que le hace ver lo que le rodea como repugnante. Y sobre todo, lo que es típico de su actitud evasiva es que huye *de* algo, desde luego, pero, sobre todo, *hacia* algo.

»¿Cómo huye fray Luis, y hacia dónde? Cualquiera que haya leído sus poemas atentamente habrá notado esa misteriosa sensación de vuelo que dan: no huye andando ni corriendo, no. La poesía de fray Luis se remonta; sus estrofas están llenas de maravillosa ligereza y poder ascensional. En ciertos poemas, como la «Noche serena», «A Francisco Salinas», «A Felipe Ruiz», ese efecto ascensional es tan claro que nos parece, al final de cada estrofa, elevarnos a un plano superior. Es decir, no solo nos sentimos transportados, sino que verdaderamente percibimos la fuerza ascensional a distintas distancias de la tierra.»

PEDRO SALINAS: *La realidad y el poeta*. Barcelona: Ariel, 1976, págs. 127-141.

4.5. *Fuentes orientales en la mística de San Juan de la Cruz*

«La obra de San Juan se ha leído desde unos contextos literarios exclusivamente occidentales: la poesía cancioneril, la popular, la culta "a lo divino", la clásica, las exégesis bíblicas. No negamos —nos importa mucho subrayarlo— ninguna de estas perspectivas, tan legítimas y tan obvias. Pero no podemos circunscribirnos a ellas, porque no alcanzan a explicarnos satisfactoriamente la obra de San Juan. Nuestro poeta se inserta con mucha más comodidad dentro de cánones estéticos —y aún místicos— no europeos, sino semíticos. Menéndez Pelayo, para adjetivar de alguna manera la poesía sanjuanística que se escapaba una y otra vez a su escalpelo de erudito, se refiere a ella como a "poesía oriental". El maestro estaba en lo cierto, pero parecería que no llegó a intuir las consecuencias literarias de este aserto tan simple, pero tan dramático: San Juan se encuentra más cerca de Oriente que de Occidente. Esta es precisamente la explicación fundamental para nuestro desconcierto secular frente a la obra del santo. El desconcierto es aún mayor por otra razón: estamos ante una obra que resulta a la vez "semítica" y "occidental". Los contextos simultáneos occidentales y orientales de San Juan de la Cruz obligan al lector a ir ajustando constantemente su campo de referencia literario.

»San Juan aclimata los delirios poéticos del Cantar de los Cantares hebreo en liras italianizantes, y tampoco teme fundir sus dos contextualidades literarias en una explosiva unión metafórica: aquellas enigmáticas, imposibles "ninfas de Judea" que evoca en el *Cántico*. El polifacetismo poético de San Juan produce un efecto desconcertante. [...] San Juan de la Cruz ha sido el primero en haber advertido el misterio de sus versos oníricos, que llega a llamar "dislates", y que admite no podrán ser comprendidos cabalmente por él ni por sus lectores. El enigma poético de obras como el *Cántico* es, pues, consciente y volitivo: el poeta se lanza a la aventura de comunicar una experiencia espiritual literalmente inenarrable: su encuentro con el infinito. [...] Lo que no se entiende a través de la razón y los sentidos no puede, naturalmente, comunicarse a través de ellos. Ya lo decía San Agustín: hablamos de Dios "non ut illud diceretur, sed ne taceretur" (*De Trin.*, v. 9): no por decirlo, sino por no callar. Pero San Juan intentará traducirnos algo de ese "lenguaje de Dios" inenarrable que dice haber escuchado en su trance extático.

»En su esfuerzo por comunicar eficazmente su experiencia, el poeta destruye la lengua unívoca y limitada de sus contemporáneos europeos, y maneja una palabra que tiene que flexibilizar y ensanchar infinitamente para capacitarla para la inmensa traducción que le exige. El poeta, de otra parte, echa mano de símbolos aparentemente novedosos en Occidente, como la noche oscura del alma, el vino embriagante del éxtasis, las lámparas de fuego de los atributos divinos, las azucenas del dejamiento. Y crea una obra tan radicalmente revolucionaria que no es comprendido ni por sus coetáneos ni por sus supuestos seguidores, para quienes, como vimos, permanece impenetrable su misterio poético.

[...]

»También su obra mostrará coincidencias estremecedoras con la literatura mística musulmana. Estos paralelos ya los comenzó a advertir Miguel Asín Palacios pero son mucho más decisivos y profundos de lo que alcanzó a ver el insigne arabista. Estamos, pues, ante un místico exacerbado —"príncipe de los místicos" lo llama Eulogio Pacho— que se afanó por comunicar algo acerca de sus experiencias indecibles. Las supo respetar como nadie. Sabía que para decir algo de ellas le fallaba el lenguaje humano, unívoco, conceptual, y sometido a la servidumbre de la temporalidad sucesiva, tan ajena a la simultaneidad del instante supremo al margen del tiempo y del espacio en el que sintió experimentar la unión transformante.»

Luce López-Baralt: «Prólogo». *Obra completa*. Por San Juan de la Cruz. Eds. Luce López-Baralt y Eulogio

Pacho. 1.ª reimp. Col. El libro de bolsillo. 2 vols. Madrid: Alianza Editorial, 2010, págs. 12-13.

4.6. *Claves para interpretar el estilo de Góngora*

«Todo el arte de Góngora consiste en un doble juego: esquivar los elementos de la realidad cotidiana, para sustituirlos por otros que corresponden, de hecho, a realidades distintas del mundo físico o del espiritual, y que solo mediante el prodigioso puente de la intuición poética pueden ser referidos a los reemplazados. Es este un doble juego en el que tanto se pierde como se gana. Se pierde en variedad: el mundo sufre una poda de cualidades físicas no interesantes estéticamente; pero las cualidades conservadas adquieren —con el aislamiento— nitidez, realce, intensidad, notas elevadas ahora a términos absolutos, perdidas antes —del lado real— en una confusión de contingencias.

»En el estudio de la metáfora es donde esta teoría tiene, centralmente, su aplicación. Pero hay que partir del lenguaje como productor de representaciones; y en el lenguaje no se puede prescindir de ninguno de los dos elementos que cubren la objetividad del ser: de una parte la noción, que corresponde al idioma íntimo, tácito, del pensamiento; de otra, la palabra, modificación fonética del mundo (o la grafía de la palabra), elemento externo, sujeto a variaciones temporales y espaciales, que suscita de modo automático en el oyente (o en el lector) la noción que el autor quiso expresar.

»La tendencia central del arte de Góngora, y la que primero atrae la atención del lector, es, como acabo de decir, la que le lleva a sustituir constantemente el complejo *noción-palabra*, correspondiente a un término de la realidad circundante, por otro metafórico (sustitución total); pero existe también en su poesía, y con la misma frecuencia, una sustitución más parcial y tímida, que conservando —ya veremos hasta qué punto— la noción real, esquiva la palabra que a esa noción corresponde. Esta huida, este aborrecimiento de la palabra que debía cubrir directamente a una noción, es lo que da origen a la perífrasis. En la perífrasis, la imaginación describe un círculo, en el centro del cual se instaura, intuida, la palabra no expresa. [...]

»La necesidad de esta huida se siente de un modo perfectamente explicable: hay un gran número de palabras de uso cotidiano que la poesía de tradición clásica ha procurado siempre omitir, y son aquellas que se refieren a objetos tenidos por demasiado vulgares o groseros, o fatídicos y de mal augurio. La perífrasis en este caso se convierte en eufemismo. Es cierto que Góngora —Jáuregui se lo echaba en cara— no esquiva en algunas ocasiones palabras de las consideradas tradicionalmente poco poéticas. Así aparecen por las *Soledades* con sus vulgares nombres: *coscojas*, *atunes*, *cecina*, etc. Pero esto es excepcional. [...]

»La perífrasis alusiva no es, sin embargo, más que un caso especial de una de las tendencias generales de Góngora. Lo que primero llama la atención al estudiar la sintaxis gongorina y lo que la hace tan difícil y aparentemente confusa es la constante potencia prolificativa de las palabras: las oraciones dan origen a nuevas oraciones incidentales; los nombres van cargados de elementos determinativos y sirven de antecedente a pronombres que, a su vez, introducen oraciones nuevas; de estos elementos derivan otros de tercer grado, etc. Esto no es más que la complejidad estilística necesaria para traducir al lenguaje la complejidad íntima de la visión poética de Góngora. Porque el mismo engarce que para las palabras, existe para las nociones. Una suscita la otra; esta da origen a una nueva, que, a su vez, origina otras varias, etc., y a una noción simple sustituye o acompaña un complejo de complejos representativos. [...]

»Las perífrasis y las alusiones, o las alusiones perifrásticas, son, en la poesía de Góngora, una fuga; pero una fuga a un refugio cierto e inmovible, un intento de asociar la variedad inmensa de la vida a un cuadro fijo y sistemático de formas biológicas estilizadas. De esto ofrecen un buen ejemplo particular las alusiones a la mitología. [...]

»Entran la alusión y la perífrasis dentro del carácter general de la poesía de Góngora; la segunda esquiva la palabra correspondiente a un concepto de realidad; la primera pone en contacto una noción real con un sistema fijo de referencia. Ambas se completan hasta tal punto que la mayor parte de las veces aparecen asociadas. En las dos, la imaginación se desvía un momento de su senda para deleitarse (en los casos mejores) con las bellas incidencias del rodeo. Una y otra han sido conocidas por la poesía de todas las épocas, y, ya en nuestro mundo, muy especialmente por la del Renacimiento. Pero alusión y perífrasis (o perífrasis alusiva) son una nota *constante* del lenguaje gongorino; y esta frecuencia, una de las que lo separan del gusto del siglo XVI y lo sitúan dentro del recargamiento del XVII. La repetición de estos rodeos y su carácter de peso muerto conceptual constituyen precisamente el camino para un escollo que Góngora no pudo —ni quiso— eludir: el caer en el tópico alusivo o perifrástico. [...]

»Góngora no tuvo que exagerar nada lo que ya había sido practicado hasta el hastío (del lector). Pero, en general, sí: la abundancia alusiva y perifrástica en Góngora es mucho mayor que en la poesía española del siglo XVI. La poesía gongorina demuestra aquí, una vez más, lo que constituye su nota constante, desde cualquier punto que se la mire: el ser una exageración, una intensificación dinámica, una condensación cuantitativa de los elementos renacidos de la tradición clásica.»

DÁMASO ALONSO: "Alusión y elusión en la poesía de Góngora". *Siglos de Oro: Barroco*. Ed. Bruce W. Wardropper. Barcelona: Crítica, 1983. Vol. 3 de *Historia y crítica de la literatura española*. Francisco Rico, ed. gral. 9 vols. 1979-2000, págs. 407-411.

5. COMENTARIOS DE TEXTO

5.1. *Garcilaso de la Vega*

SONETO XXIII

En tanto que de rosa y d'azucena
se muestra la color en vuestro gesto,
y que vuestro mirar ardiente, honesto,
con clara luz la tempestad serena;

y en tanto que'l cabello, que'n la vena
del oro s'escogió, con vuelo presto

por el hermoso cuello blanco, enhiesto,
el viento mueve, esparce y desordena:

coged de vuestra alegre primavera
el dulce fruto, antes que'l tiempo airado
cubra de nieve la hermosa cumbre.

Marchitará la rosa el viento helado,
todo lo mudará la edad ligera
por no hacer mudanza en su costumbre.

El poema de Garcilaso de la Vega se enmarca en una producción lírica de entre treinta y ocho y cuarenta sonetos —además de otras formas métricas— en la que predomina la temática amorosa. Garcilaso, caballero de armas y de letras, produjo una obra que se ajusta a los ideales literarios de la primera mitad del XVI: equilibrio armónico en las formas y en los temas, metros de cuño italiano e inspiración en la tradición grecolatina y en Petrarca.

El mensaje literario se formula aquí según el esquema estrófico del soneto. La composición se articula en catorce versos agrupados en dos cuartetos y dos tercetos con rima consonante. Garcilaso de la Vega y Juan Boscán fueron los primeros poetas del Renacimiento español que probaron esta forma métrica. Antes, en el siglo XV, la había empleado también el Marqués de Santillana en los *Sonetos fechos al itálico modo*, pero no gozaron de la acogida que la estrofa recibió más tarde gracias al influjo de Petrarca en la literatura renacentista española.

Si el *Canzoniere* petrarquista podía considerarse un diario amoroso del yo poético, algo semejante ocurre con la poesía de Garcilaso, pues su lírica gira en torno al amor ideal por una mujer que muchos han identificado con el personaje histórico de Isabel Freire. Sin embargo, hay que tener en cuenta que, si bien la realidad del autor nutre su obra, la poesía del Siglo de Oro no se sustenta sobre la experiencia autobiográfica. Por tanto el poema es más un ejercicio de creación y de recreación literaria que una confesión sentimental.

En el soneto XXIII destaca la exhortación a disfrutar de la juventud, formulada a través de dos tópicos: *carpe diem* y *collige, virgo, rosas*. El primero tiene su origen en un verso del poeta Horacio, que invita a aprovechar el día, y el segundo, en una estrofa de Ausonio dirigida a unas muchachas para animarlas a que cogieran las rosas, es decir, a que disfrutaran de los años juveniles.

Otros temas que destacan en el soneto son la descripción de la belleza de la mujer (*descriptio puellae*), la invitación al amor, la admiración del yo lírico ante la hermosura de la joven y la vejez que acarrean los años cumplidos, que conecta con el tópico del *tempus fugit*. El poeta distribuye estos contenidos de manera equilibrada en el soneto: los dos cuartetos plasman los rasgos de la dama, el primer terceto plantea el imperativo del goce y el segundo, las consecuencias del paso del tiempo.

En el plano fónico cabe observar que, con el fin de mantener el recuento de once sílabas en cada verso, el poeta opta por la apostrofación de algunas vocales en contacto entre palabras: «d'azucena» (v. 1), «que'n» (v. 5), «s'escogió» (v. 6). Asimismo considera semiaspirada la pronunciación de la *h* inicial en los vocablos «hermosa» (v. 11) y «hacer» (v. 14) para evitar la sinalefa y mantener la cadencia del endecasílabo.

La estructura paralelística de los cuartetos destaca en el nivel morfosintáctico: comienzan con la locución «en tanto que» para subrayar los elementos de la descripción vigentes en el aquí y ahora de la voz poética. También se observa el uso del encabalgamiento para acomodar la extensión de la frase a la longitud del verso. Destaca el encabalgamiento de los versos quinto a sexto («que'n la vena / del oro»), en que la separación del sustantivo de su complemento subraya la impresión del yo lírico ante el rubio de los cabellos de la dama, que parecen el filón de una mina de oro.

El yo lírico realiza un retrato que se ajusta a los cánones clásicos de la belleza renacentista. Efectúa la prosopografía siguiendo los rasgos ideales femeninos: cabello rubio, tez clara y sonrosada, mirada sincera, cuello alargado, talle fino. En este sentido, el campo semántico del rosado contrasta con el del color blanco y pone de manifiesto la naturaleza dual del amor: por una parte ardiente y juvenil, por otra, casto y puro. Así el léxico se organiza según una correlación de términos: la rosa, la mirada ardiente y la tempestad frente a la azucena, la mirada honesta y la clara luz de unos ojos capaces de aquietar tormentas.

La enumeración de verbos conjugados en presente de indicativo en el verso octavo crea una intensificación de gradación creciente («el viento mueve, esparce y desordena»). Cada verbo incrementa una sílaba más y su significado aumenta los efectos del viento sobre la melena de la dama: los mueve, los esparce y los desordena. La imagen que provoca el verso es de gran dinamismo. En la poesía aurisecular la mención a los cabellos sueltos de la dama era de gran sensualidad y aquí muestra la intensa impresión que habían causado al poeta.

A continuación se emplea el imperativo con una celeridad que impulsa a la acción y a fruir del presente, ya que un futuro no muy lejano deparará el final de todos los placeres. El empleo de recurrencias léxicas como «mudará» (v. 13) y «mudanza» (v. 14) pone de manifiesto la paradoja de una situación que ni siquiera el tiempo es capaz de alterar: la edad lo cambiará todo por no cambiar el curso de los acontecimientos de la vida.

La composición es rica en metáforas del código amoroso cortés y de la tradición petrarquista: el sentimiento amoroso como tempestad (v. 4), el cabello semejante al oro (v. 5), la juventud considerada como alegre primavera (v. 9), los placeres sensuales equiparados con un dulce fruto (v. 10), las canas y la edad como nieve en la cumbre de una montaña (v. 11), la vejez física como una rosa marchita (v. 12) o el paso del tiempo igual que un viento helado (v. 12).

El soneto XXIII de Garcilaso es uno de los ejemplos más significativos de la lírica petrarquista española en la primera mitad del siglo XVI. Resulta paradigmático por la forma estrófica, por la articulación de los temas y por el tratamiento idealizado del sentimiento amoroso. Asimismo el autor toledano representa el modelo de poeta aurisecular: experto en la imitación compuesta de los clásicos y diestro al crear un estilo propio.

5.2. *Luis de Góngora*

DE UNA DAMA QUE, QUITÁNDOSE UNA SORTIJA,
SE PICÓ CON UN ALFILER

Prisión del nácar era articulado
de mi firmeza un émulo luciente,
un dïamante, ingenïosamente
en oro también él aprisionado.

Clori, pues, que su dedo apremïado
de metal aun precioso no consiente,
gallarda un día, sobre impacïente,
le redimió del vínculo dorado.

Mas ay, que insidïoso latón breve
en los cristales de su bella mano
sacrílego divina sangre bebe:

púrpura ilustró menos indïano
marfil; invidïosa, sobre nieve
claveles deshojó la Aurora en vano.

Luis de Góngora alcanzó una de las más altas cimas de la poesía española. Fue el creador de un lenguaje poético único y exclusivo del registro literario. Como hombre del Barroco encarnó el espíritu de su época, pues vivió inmerso en los avatares de la crisis del siglo XVII y anheló transcender aquellas circunstancias aciagas mediante la poesía, reservada a unos pocos por la dificultad que entrañaba escribirla y leerla.

Góngora fue más allá del conceptismo barroco y de la agudeza verbal, ya que a la síntesis del ingenio contrapuso una lírica llena de referencias cultas y mitológicas, cimentada en la sintaxis y el léxico de origen latino, sobre todo en las obras *Fábula de Polifemo y Galatea* y en *Soledades*. Por este motivo su peculiar estilo recibió el nombre de culteranismo o gongorismo. Aunque muchos lo criticaron a causa de la complejidad con que se expresaba y su figura suscitó grandes polémicas, también contó con admiradores desde el siglo XVII.

La estrofa ejemplifica el gusto del autor por el arte de la dificultad y por el preciosismo. Se enmarca en las composiciones de circunstancias que desarrollan una anécdota a partir de lenguaje exuberante, colorista y sometido a una intensa elaboración poética. El tema, como el propio título indica, gira en torno a la descripción de una dama que se pincha el dedo con un alfiler mientras se quita una sortija. Otros elementos temáticos de la estrofa expresan el amor del poeta hacia la dama, su competición con el anillo en cuanto a firmeza, la personificación del alfiler para beber la sangre de Clori y la envidia que siente la diosa Aurora hacia ella.

El soneto se organiza según el esquema clásico: dos cuartetos y dos tercetos compuestos por versos endecasílabos de rima consonante. En los cuartetos se expone la situación que causa la anécdota: una dama lleva una sortija que le aprieta el dedo y se la quita. En el primer terceto se pincha y, en el segundo, el yo lírico describe la belleza de la piel blanca de la joven que contrasta con las gotas de sangre derramadas a causa de la herida.

En la composición abundan los recursos estilísticos en todos los planos del lenguaje. Desde el punto de vista fónico destaca la diéresis sobre la vocal «i», que se emplea para romper la sílaba y para facilitar el cómputo del endecasílabo, y que podría remarcar simbólicamente la forma fina y puntiaguda del alfiler.

Por lo que respecta al nivel morfosintáctico, la figura más destacable, propia del estilo gongorino, es el hipérbaton. Este desorden sintáctico no responde a una intención arbitraria por alterar el lugar de los complementos en la frase, sino que sigue la distribución natural de la lengua latina. Se observa sobre todo en la organización de las palabras del primer cuarteto y del segundo terceto, en los que la secuencia oracional no sigue las pautas de la sintaxis española.

El plano sobresaliente en la elaboración del soneto es el léxico-semántico, donde abundan los cultismos y las metáforas. Estos recursos son otro de los pilares de la poesía de Góngora, pues le permitían alejarse del uso estándar del lenguaje para crear uno específicamente literario. Los cultismos rescataban el vocabulario latino y enriquecían el poema con connotaciones, como sucede con las palabras «émulo» (v. 2), «apremïado» (v. 5), «vínculo» (v. 8) o «insidïoso» (v. 9).

Las metáforas establecían un código literario sobre referentes que se daban por sabidos. Así el dedo de la dama es «nácar articulado» (v. 1) por su color blanco y por su valor sentimental para el poeta, el anillo se presenta como una «prisión» (v. 1) para el dedo y para el diamante encastado porque no se pueden desligar, y las manos de Clori son «cristales» (v. 10) por su delicadeza y porque sirven de vaso al alfiler (v. 11). Hay metáforas fosilizadas por la tradición literaria como el «oro» (v. 4) que alude a la montura de la sortija, pero también al cabello rubio de la dama. A partir del lenguaje fosilizado el poeta construye metáforas sobre metáforas, es decir, no establece semejanzas entre un término real y otro imaginario, sino entre términos imaginarios consabidos y otros de elaboración propia. Por eso, el afiler o «insidïoso latón breve» se convierte en un agente sacrílego cuando bebe la sangre de la dama divina (v. 11), y emula a los sacerdotes que beben del cáliz el vino o la sangre consagrada de Cristo durante la misa.

Solo los lectores familiarizados con las referencias clásicas disponían de los códigos interpretativos para saber que Aurora, la diosa del verso catorce, representaba la gran belleza del amanecer y que situar su hermosura por debajo de la de la dama era una hipérbole atrevida que revelaba la rendida admiración del yo lírico por la joven.

El soneto ejemplifica el dominio lingüístico y poético de Góngora, a la vez que una de las actitudes paradigmáticas de los artistas barrocos: la evasión de la realidad a través de la belleza. El autor se recrea en la elaboración formal del poema y aplica sobre lo corriente una mirada de orfebre que descubre los pequeños placeres estéticos de la vida cotidiana.

BIBLIOGRAFÍA

Algunas obras de referencia para el estudio de la literatura del Siglo de Oro.

AZAUSTRE, A., y JUAN CASAS (1997): *Manual de retórica española*, Ariel, Barcelona, col. Instrumenta.

BLECUA, J. M., ed.: *Poesía de la Edad de Oro*, Castalia, Madrid, 2 vols., col. Clásicos Castalia, 184, 3.ª ed.

BOSCÁN, J. (1996): *Epístola a la duquesa de Soma*, Universitat de Barcelona, Barcelona, pról. Antonio Vilanova.

CASTIGLIONE, B. (1994): *El cortesano*, Cátedra, Madrid, ed. Mario Pozzi, col. Letras Universales.

COVARRUBIAS HOROZCO, S. DE (2006): *Tesoro de la lengua castellana o española*, Universidad de Navarra, Iberoamericana, Vervuert, Real Academia Española, Centro para la Edición de Clásicos Españoles, Madrid, ed. Ignacio Arellano y Rafael Zafra.

CRUZ, SAN JUAN DE LA (2010): *Obra completa*, Alianza Editorial, Madrid, eds. Luce López-Baralt y Eulogio Pacho, col. El libro de bolsillo, 2 vols., 1.ª reimp.

CURTIUS, E. R. (1995): *Literatura europea y Edad Media latina*, Fondo de Cultura Económica, México-

Madrid, col. Lengua y estudios literarios, 2 vols., 5.ª reimp.

Díez de Revenga, F., y Francisco Florit Durán (1994): *La Poesía Barroca*, Ediciones Júcar, Barcelona, vol. 18 de *Historia de la literatura española*, 25 vols., 1991-1994.

Dóminguez Caparrós, J. (2004): *Diccionario de métrica española*, Alianza Editorial, Madrid, col. El libro de bolsillo, 1.ª reimp.

Fernández, D., ed. (2012): *Antología de la poesía del Siglo de Oro*, Almadraba Editorial, Barcelona, col. Clásicos.

García López, J., Eugenia Fosalba y Gonzalo Pontón (2013): *La conquista del clasicismo. 1500-1598*, Crítica, Barcelona, vol. 2 de *Historia de la literatura española*, dir. José-Carlos Mainer, 9 vols., 2010-2013.

Góngora, L. de (1988): *Romances*, Cátedra, Madrid, ed. Antonio Carreño, col. Letras Hispánicas, 3.ª ed.

— (1993): *Antología poética*, Castalia, Madrid, ed. Antonio Carreira, col. Castalia Didáctica.

— (1994): *Soledades*, Castalia, Madrid, ed. Robert Jammes, col. Clásicos Castalia.

Grimal, P. (2010): *Diccionario de mitología griega y romana*, Paidós, Barcelona.

Guillén, J. (1992): *Lenguaje y poesía*, Alianza Editorial, Madrid, col. El libro de bolsillo, 3.ª reimp.

Haag, H. (2012): *Breve diccionario de la Biblia*, Herder, Barcelona, 2.ª ed., 2.ª imp.

Haag, H., Serafín de Ausejo y A. Van den Born (2005): *Diccionario de la Biblia*, Herder, Barcelona, 1.ª ed., 14.ª imp.

Jauralde Pou, P., y Mercedes Sánchez Sánchez, eds. (2010): *Antología de la poesía española del Siglo de

Oro. Siglos XV-XVII, Espasa Libros, Madrid, col. Austral Poesía.

LEÓN, FRAY LUIS DE (2001): *Poesías completas*, Castalia, Madrid, ed. Cristóbal Cuevas, col. Nueva Biblioteca de Erudición y Crítica.

LÓPEZ ESTRADA, F.: *Siglos de Oro: Renacimiento*, vol. 2 de *Historia y crítica de la literatura española*, ed. gral. Francisco Rico, 9 vols., 1979-2000.

MALAXECHEVERRÍA, I., ed. (2000): *Bestiario medieval*, Siruela, Madrid, 2.ª ed.

MARAVALL, J. A. (2012): *La cultura del Barroco. Análisis de una estructura histórica*, Ariel, Barcelona, 1.ª ed. en esta presentación.

MARCHESE, A., y JOAQUÍN FORRADELLAS (2013): *Diccionario de retórica, crítica y terminología literaria*, Ariel, Barcelona, 1.ª ed. en esta presentación.

MENÉNDEZ PELÁEZ, J., IGNACIO ARELLANO, JOSÉ MIGUEL CASO GONZÁLEZ y JOSÉ MARÍA MARTÍNEZ CACHERO (1993): *Renacimiento y Barroco*, Everest, León, vol. 2 de *Historia de la literatura española*, 4 vols., 1997-2004.

NAVARRO DURÁN, R. (2007): *La mirada al texto*, Ariel, Barcelona, col. Literatura y crítica, 6.ª reimp.

—, ed. (2008): *Siglo de Oro*, Trotta, Fundación San Millán de la Cogolla, Madrid, vol. 2 de *La Biblia en la literatura española del Siglo de Oro*, ed. gral. Gregorio del Olmo Lete, 3 vols., 2008.

— (2010): *¿Cómo leer un poema?*, Ariel, Barcelona, col. Practicum, 4.ª reimp.

ORTEGA, E., ed. (2012): *Antología poética del Siglo de Oro*, Anaya, Madrid, col. Nueva Biblioteca Didáctica, 10.ª imp.

Pedraza Jiménez, F. B. (1990): *Lope de Vega*, Teide, Barcelona, col. El escritor y su literatura.

Pedraza Jiménez, F. B., y Milagros Rodríguez Cáceres (1980): *Renacimiento*, Cénlit Ediciones, Navarra, vol. 2 de *Manual de literatura española*, 15 vols., 1980-2005.

— (2007): *Las épocas de la literatura española*, Ariel, Barcelona.

Prieto, A. (1991): *La poesía española del siglo xvi*, Cátedra, Madrid, col. Crítica y Estudios Literarios.

Quevedo, F. de (1990): *Poesía varia*, Cátedra, Madrid, ed. James O. Crosby, col. Letras Hispánicas, 7.ª ed.

— (1996): *Poesía completa*, Planeta, Barcelona, ed. José Manuel Blecua.

Salinas, P. (1976): *La realidad y el poeta*, Ariel, Barcelona.

Solé Camps, S., y José Palomar Ros, eds. (2010): *Antología poética del Siglo de Oro*, Octaedro, Barcelona, col. Biblioteca Básica, 2.ª ed.

Vega, G. de la (1996): *Poesías castellanas completas*, Castalia, Madrid, ed. Elias L. Rivers, col. Clásicos, 3.ª ed.

Vega, Lope de (1995): *Poesía selecta*, Cátedra, Madrid, ed. Antonio Carreño, col. Letras Hispánicas, 2.ª ed.

Wardropper, B. W. (1983): *Siglos de Oro: Barroco*, Crítica, Barcelona, vol. 3 de *Historia y crítica de la literatura española*, ed. gral. Francisco Rico, 9 vols., 1979-2000.

Ynduráin, D. (1990): *Aproximación a San Juan de la Cruz*, Cátedra, Madrid.

NOTA EDITORIAL

Esta antología escolar recoge las lecturas del Siglo de Oro designadas oficialmente para la materia de literatura castellana de segundo de bachillerato. Los poemas proceden de la *Antología de la poesía española del Siglo de Oro. Siglos* XVI-XVII, editada por Pablo Jauralde Pou para la colección Austral.

Las obras prescriptivas que no se encuentran en la compilación anterior proceden de *Poesía de la Edad de Oro*, editada por José Manuel Blecua Teijeiro en la colección Clásicos Castalia. Se trata de las odas a Juan de Grial y «De la vida del cielo» de fray Luis de León, el soneto «De una dama que, quitándose una sortija, se picó con un alfiler» de Luis de Góngora, el romance que comienza «Mira, Zaide, que te aviso» y el soneto cuyo primer verso es «Suelta mi manso, mayoral extraño» de Lope de Vega. Asimismo, la letrilla sobre el poder del dinero y los sonetos «Significase la propria brevedad de la vida, sin pensar, y con padecer, salteada de la muerte» y «Mujer puntiaguda con enaguas» provienen de la *Poesía completa* de Francisco de Quevedo, que editó José Manuel Blecua Teijeiro para la editorial Planeta. Los versos de las *Soledades* de Góngora siguen la propuesta de Antonio Carreira en su edición *Antología poética*, publicada en la colección Castalia Didáctica.

Cada poema va acompañado de una glosa. Se ha optado por no anotar el vocabulario más exigente para trabajarlo con detenimiento en la guía de lectura, de manera que el alumnado se implique activamente en la búsqueda del significado de las palabras con ayuda del profesor.

ÍNDICE DE PRIMEROS VERSOS

AUSTRAL

Impreso en Liberdúplex, S. L.
Ctra. BV 2249, km 7,4 (Polígono Torrentfondo)
08791 Sant Llorenç d'Hortons (Barcelona)